UNIVERSITÉ DE FRANCE.

ACADÉMIE DE STRASBOURG.

THÈSE

POUR LE DOCTORAT

PRÉSENTÉE

A LA FACULTÉ DE DROIT DE STRASBOURG

ET SOUTENUE PUBLIQUEMENT

LE LUNDI 29 JANVIER 1866, A MIDI,

PAR

HENRY PHULPIN,

AVOCAT

A SAINT-DIÉ (VOSGES).

STRASBOURG,

TYPOGRAPHIE DE G. SILBERMANN, PLACE SAINT-THOMAS, 3.

1866.

A LA MÉMOIRE DE MA MÈRE.

A MON PÈRE.

H. PHULPIN.

FACULTÉ DE DROIT DE STRASBOURG.

MM. AUBRY O✳ . . . . . . Doyen, professeur de Code Napoléon.
    HEPP ✳ . . . . professeur de Droit des gens.
    HEIMBURGER . . . . professeur de Droit romain.
    THIERIET ✳ . . . . professeur de Droit commercial.
    RAU ✳. . . . . . professeur de Code Napoléon.
    LANACHE ✳ . . . . professeur de Droit administratif.
    DESTRAIS. . . . . . professeur de Procédure civile et de
                  Législation criminelle.
    MUGNIER . . . . professeur de Code Napoléon.
    LEDERLIN . . . . . . professeur de Droit romain.
    N.   ⎱
          ⎰ . . . . agrégés.
    N

M BLFOURT, officier de l'Université, secrétaire, agent
                comptable.

COMMISSION D'EXAMEN.

MM. LEDERLIN, président de l'acte public.
    AUBRY,   ⎱
    HEPP,   ⎰
                 examinateurs.
    HEIMBURGER, ⎰
    THIERIET,

DROIT ROMAIN.

DROIT ROMAIN.

De la cession volontaire de créances.

INTRODUCTION.

Les créances font partie de nos biens, et ont une certaine valeur d'échange, tout comme les droits réels. Souvent le créancier ne peut utiliser sa créance qu'en l'échangeant contre d'autres valeurs ; souvent aussi le débiteur peut être intéressé à ce que pareille opération se fasse. Cependant les Romains ont pendant long-temps regardé comme impossible l'aliénation des créan-ces. Gaius a posé la règle de la manière la plus nette et à une époque où le pur droit civil avait déjà bien perdu de son rigorisme primitif : « Quod mihi ab aliquo de-betur, id si tibi velim deberi, nullo eorum modo qui-bus res corporales ad alium transferuntur, id efficere possum » (*G.* II, 38). Les Romains, on le sait, divi-saient les choses qui sont dans notre patrimoine, en *res corporales*, et *res incorporales* (Gaius, II, 12). Les objets de nos droits de propriété, d'usufruit, de servitude, sont des choses qui tombent sous nos sens, des choses matérielles, des choses corporelles : *res cor-porales*.

Nos droits de propriété, d'usufruit, de servitude sont, au contraire, des choses qui n'ont d'existence que dâns l'entendement, des choses incorporelles : *res incorporales.*

Cependant le droit de propriété ne figure jamais dans l'énumération que les Romains nous donnent des choses incorporelles. Cette énumération ne comprend que les servitudes tant personnelles que réelles, l'hérédité, les créances. Cela s'explique par cette considération, que le droit de propriété, le droit le plus entier qu'on puisse avoir, attribuant au maître toute l'utilité de la chose, la lui rend tellement propre, que le droit semble se confondre avec la chose objet du droit [1]. Les jurisconsultes virent dans la transmission du droit de propriété, bien plutôt une aliénation de la chose elle-même, dans laquelle s'absorbait à leurs yeux le droit du propriétaire, que l'aliénation d'un droit, à proprement parler. Aussi l'aliénation de la propriété a-t-elle paru, dès l'origine, toute naturelle, au moyen de la tradition et des modes d'acquisition du droit civil. «Singularum rerum dominia nobis acquiruntur : mancipatione, traditione, usucapione, in jure cessione, adjudicatione, lege » (Ulpien, XIX, 2).

L'aliénation des choses incorporelles présentait plus de difficultés ; comme on ne pouvait employer la tradition (Gaius, II, 28), on se servait de la *cessio in jure* et de la mancipation. On transférait ainsi la plupart des choses incorporelles, notamment les servitudes, et même les droits de famille (Ulpien, XIX, 2). « In jure cedi etiam res incorporales possunt, velut usufructus et hereditas, et tutela legitima libertæ. »

[1] Pellat, *Principes du droit romain sur la propriété.*

Il est bien entendu que ni la mancipation ni la cession *in jure* ne pouvaient se faire entre pérégrins, ni relativement aux choses en dehors du *jus quiritium*. Lorsqu'il s'agissait de transférer une servitude sur des fonds provinciaux on se contentait de la simple convention (Gaius, II, 31).

Il semblerait donc que les obligations dussent se transmettre par la *cessio in jure*, qui était le mode le plus général d'aliéner les choses incorporelles. Il n'en était rien cependant, on ne pouvait aliéner les obligations ni par la mancipation, ni par la *cessio in jure*, ni par aucun autre mode (Gaius, II, 38). Ce résultat s'explique facilement par la considération que l'obligation étant un droit incorporel, c'est le droit lui-même qu'il s'agit, à proprement parler, d'aliéner; or qu'est-ce, dans les idées romaines, que le droit d'obligation? C'est, nous dit la Loi 1, pr., *D.*, *De obligationibus*, III, 13, le lien de droit (*vinculum juris*) qui existe entre deux personnes déterminées, et qui oblige l'une de ces personnes à *dare, facere, præstare* à l'égard de l'autre. Changez l'une de ces personnes, la relation s'évanouit, le lien de droit n'existe plus; l'obligation ne peut donc se transmettre, puisque sa transmission opère son extinction. La créance peut bien, il est vrai, passer à l'héritier du créancier, parce que l'héritier est le successeur de la personne et de tous les droits personnels du défunt; mais elle ne peut passer à un tiers, car le débiteur s'étant obligé envers une certaine personne, ne peut point par le transport de la créance, transport qui n'est point de son fait, devenir obligé envers une autre.

Un créancier ne pouvait faire un autre créancier,

comme un propriétaire peut faire un autre propriétaire. Le droit d'obligation, ainsi envisagé, est dònc intransmissible (à titre particulier). Il est vrai que si on considérait le droit réel de cette manière, on pourrait dire avec non moins de vérité qu'il est intransmissible, puisqu'il consiste dans la relation d'une personne avec une chose. Un droit réel ou personnel n'est autre chose qu'une certaine faculté donnée par la loi à un particulier, si l'on admet que cette faculté peut être transportée lorsqu'elle est générale et absolue (le droit réel existe à l'égard de tous), pourquoi ne pas admettre le même résultat quand précisément elle est limitée au fait d'une certaine personne déterminée?

Si les Romains avaient considéré l'objet du droit personnel, et non le droit lui-même, ils n'auraient pas fait un principe de l'incessibilité des créances. Nous allons étudier dans ce travail par quels moyens les Romains arrivèrent à permettre en pratique ce qu'ils n'admettaient point en théorie. Nous nous occuperons de l'aliénation volontaire des créances pendant les diverses époques du droit romain, et plus spécialement de l'aliénation à titre de vente.

CHAPITRE PREMIER.

NOTIONS HISTORIQUES SUR LA CESSION.

On peut dire, dans un sens général, qu'il y a cession de créance quand une créance est transmise d'une personne à une autre personne, quand il arrive que le bénéfice qui doit résulter d'une obligation, se trouve transporté d'un patrimoine dans un autre patrimoine.

Il faut, dans toute cession de créance, distinguer trois personnes : le créancier originaire qui fait la cession, le nouveau créancier qu'on appelle cessionnaire, et le débiteur qui doit payer à ce dernier et que les commentateurs nomment *debitor cessus*. Nous avons déterminé comment les Romains avaient été amenés à regarder la cession de créance comme impossible. Gaius nous donne un exemple bien frappant de cette impossibilité, en nous présentant l'hypothèse d'un héritier qui a fait adition d'hérédité, et qui cède ensuite *in jure* son droit d'hérédité. L'héritier en faisant cette cession veut que le cessionnaire devienne : 1° débiteur, 2° créancier, 3° propriétaire comme l'était le défunt ; et lui veut cesser d'être débiteur, créancier, propriétaire.

Or Gaius décide que : 1° le premier de ces effets ne peut se produire, car on ne peut cesser d'être débiteur par sa seule volonté ; 2° le cédant ne peut rendre le cessionnaire créancier, parce que les créances sont incessibles ; mais comme il a manifesté l'intention de ne plus être créancier, « debita pereunt, eoque modo debitores hereditarii lucrum faciunt. » Ce résultat assurément fort bizarre, et contraire à la volonté des parties, était, on le voit, tout en faveur des débiteurs héréditaires.

« Corpora ejus hereditatis perinde transeunt ad eum cui cessa est hereditas, ac si ei singula in jure cessa fuissent » (*C.* II, 35).

Cette impossibilité d'aliéner les créances offrait les plus graves inconvénients dans la pratique ; c'était priver le créancier d'un puissant moyen de crédit, et retirer du commerce la notable portion de biens qui existent dans notre patrimoine sous forme de créances.

Cependant les besoins de la pratique indiquaient assez la nécessité de la cession, et la théorie elle-même n'avait pas laissé entrevoir que la créance est un bien susceptible d'aliénation. Car nous trouvons que Gaius (II, 84) qualifiait d'aliénation l'acte par lequel le créancier reçoit le paiement de ce qui lui est dû. « Itaque si debitor pecuniam pupillo solvat, facit quidem pecuniam pupilli, sed ipse non liberatur, quia nullam obligationem pupillus sine tutore auctore dissolvere potest, quia nullius rei alienatio șine tutore auctore ei concessa est. » De là à déclarer les créances cessibles il n'y avait qu'un pas, et l'on peut s'étonner au premier abord que ce pas n'ait jamais été fait. Le principe de l'incessibilité des créances subsista pendant toute la durée du dioit romain, mais modifié de telle sorte qu'en réalité il n'était plus un obstacle pour personne.

C'est que les Romains savaient accommoder leurs lois aux progrès de la civilisation et des mœurs par des moyens ingénieux, sans jamais abroger formellement un principe ancien ; aussi leur législation présente-t-elle un ensemble de logique et d'enchaînement qu'on chercherait en vain dans nos législations modernes.

La seule voie qui fût ouverte sous le système des actions de la loi pour atteindre indirectement un résultat directement impossible, c'était la novation opérée par une *delegatio ex stipulatione.*

Gaius dit : « Opus est ut jubente me tu ab eo stipuleris : quæ res efficit ut a me liberetur et incipiat tibi teneri, quæ dicitur novatio obligationis » (C. II, 38).

Pour me libérer de ce que je vous dois, je vous délègue mon débiteur, qui, pour se libérer de ce qu'il me doit, s'oblige envers vous. Par cette opération, la dette que le cédant devait au cessionnaire et celle que le débiteur cédé devait au cédant sont entièrement éteintes ; il s'en contracte à la place une nouvelle de la part du débiteur cédé à l'égard du cessionnaire. La rigueur du droit était ainsi respectée ; car, s'il y avait là l'équivalent d'une cession, il n'y avait point d'aliénation, puisque le cédant, en donnant au débiteur sa libération, éteignait sa créance, qu'il ne pouvait par conséquent transférer.

Cette *delegatio ex stipulatione* présentait un double inconvénient : 1° La novation conventionnelle entraînait extinction des garanties attachées à l'obligation primitive ; or il pouvait être très-utile de conserver ces garanties, gages ou hypothèques qui assuraient l'exécution ; 2° la novation ne pouvait se faire sans le concours du débiteur délégué ; or il pouvait le refuser et empêcher ainsi le résultat cherché (L. 18, D., *De novationibus*, 46, 2 ; L. 1, C., *De novationibus*, 8, 42).

Il fallait donc trouver un expédient qui, tout en laissant subsister la créance orginaire, parvînt à substituer en réalité un tiers au créancier ; mais cette heureuse innovation appartient à l'époque suivante : tant que dura le système des actions de la loi, il ne fut pas permis de se faire représenter en justice (Gaius, IV, 82 ; Ulpien, L. 123, D., *De regulis juris*, 50, 17). La règle admettait quelques exceptions introduites successivement : on pouvait agir *pro populo*[1], *pro liber-*

---

[1] Agissait *pro populo* celui qui intentait une action publique ou populaire, comme, par exemple, l'action *De albo corrupto* (Ulpien, L. 7 ; D., *De jurisdictionibus*, II, 1), l'action *De termino moto* (Modestin, L 1, D , 47, 21).

tate[1], *pro tutela*[2], *pro captivis ex lege Hostilia*[3], *pro peregrinis ex legibus repetundarum*[4].

Le système des actions de la loi tomba peu à peu en désuétude, et quand les vieilles formes de la procédure romaine furent définitivement abrogées par la loi Æbutia (an de Rome 577) et les deux lois Julia, on put plaider pour autrui à quatre titres différents : comme *cognitor*, *procurator*, *tutor* ou *curator*.

On sait que le *cognitor* était un mandataire constitué en présence de l'adversaire au moyen de certaines paroles solennelles, et probablement aussi devant le préteur *in jure* (Bonjean, *Traité des actions*, II, p. 473). Ce *cognitor* est *domini loco* (Gaius, IV, 97) ; ce qui était jugé avec lui, liait le représenté, qui n'aurait plus été admis à renouveler plus tard le procès jugé avec son représentant.

L'*intentio* de la formule était libellée au nom du représenté, et la *condemnatio* au nom du *cognitor*, car autrement il n'eût pas eu qualité d'ester *in judicio ;* mais, abstraction faite de cette formalité indispensable,

---

[1] Agissait *pro libertate* celui qui revendiquait en liberté un homme libre injustement retenu en esclavage. *Assertor libertatis, vindicare in libertatem* (Ulpien, L. 7, *D.*, *De liberali causa*, 40, 12).

[2] Nous pensons qu'il s'agit ici du tuteur prétorien chargé de plaider contre le tuteur, quand celui-ci était en procès avec son pupille (Gaius, I, 184).

[3] Une loi *Hostilia* avait permis d'intenter l'action *furti* au nom de ceux qui étaient retenus chez l'ennemi, ou qui étaient absents pour le service de l'État, et au nom des pupilles qui se trouvaient sous la tutelle de ces personnes (Pr., *Inst.*, 4, 10).

[4] Il paraît que l'action *repetundarum*, c'est-à-dire l'action qui résultait des lois *Servilia* et *Calpurnia repetundarum* pouvait être exercée *pro peregrinis*. C'est ce qu'on peut conclure d'un passage de Cicéron : *In Cæcilium divinatio* (n° XX).

il n'apparaissait dans toute la procédure que comme simple représentant (*Vaticana fragmenta*, n° 317). C'est au principal *dominus* qu'incombe l'obligation de fournir les cautions qui peuvent devenir nécessaires durant le cours du procès ; c'est à lui qu'appartient l'*actio judicati*, s'il a triomphé, de même qu'elle est donnée contre lui, s'il a succombé (Gaius, IV, 97). Les conditions à remplir pour constituer un *cognitor* étaient gênantes, souvent impraticables : telle fut sans doute la raison qui fit admettre à côté des *cognitores* d'autres représentants judiciaires dont la constitution était à la fois plus facile et toujours possible.

A la différence du *cognitor*, le *procurator* pouvait être constitué sans aucune parole solennelle, hors de la présence de l'adversaire et du magistrat. De même que pour le *cognitor* l'*intentio* de la formule était libellée au nom du représenté, et la *condemnatio* au nom du représentant, mais tandis que cette rédaction n'était pour le *cognitor* qu'une formalité pure, elle entraînait pour le *procurator* des conséquences importantes. En effet, celui-ci n'était pas considéré comme étant *domini loco*, mais comme étant lui-même *dominus litis* à partir de la *litis contestatio ;* il agissait en son nom propre, sauf à rendre compte à son mandant (LL. 22 et 23, *Cod.*, *De procuratoribus*, 2, 13). Seul le *procurator* était exposé à l'*actio judicati*, comme seul aussi il pouvait s'en prévaloir; il fournissait caution que le maître ratifierait (*ratam rem dominum habiturum*. Gaius, IV, 84 et 98). Il y avait là un moyen facile et sûr de transférer, non l'obligation elle-même, cela eût été contraire à l'essence du droit, mais au moins son exercice et par là son émolument. Celui-là, en effet, qui voulait transférer sa créance à un tiers faisait ce tiers son mandataire pour exercer son action contre le débiteur; il était convenu entre eux que l'action serait exercée par le mandataire, à la vérité au nom du mandant, mais aux risques et pour le compte du mandataire, qui retenait pour lui tout ce qu'il exigeait du débiteur en conséquence de son mandat, et n'en rendait aucun compte au mandant. Un tel mandataire est appelé par les jurisconsultes : *procurator in rem suam*, parce qu'il exerce le mandat, non pour le compte du mandant, mais pour son propre compte (*D., De hereditate vel actione vendita*, 18, 4; L. 30, *De procuratoribus, D.,* 3, 3; L. 6, *Cod., De obligationibus et actionibus*, 4, 10). Un mandat fait de cette manière est quant à l'effet un vrai transport que le créancier fait de sa créance; s'il ne reçoit rien du mandataire pour consentir que ce mandataire retienne pour lui ce qu'il exigera du débiteur, c'est une donation; s'il reçoit pour cela de l'argent, c'est une vente qu'il lui fait de sa créance. Le mandat devint la forme habituelle de la cession d'obligation; pendant longtemps nous trouvons dans les textes l'expression *mandare actiones*, céder les actions. Ce n'est que dans le Code que nous trouvons *cedere actionibus;* la jurisprudence avait vu de plus en plus dans ce mandat le caractère de la cession. Le débiteur restait tout à fait en dehors de la cession, car à son égard le cessionnaire était tout simplement mandataire du créancier (L. 1, *Cod., De novationibus et delegationibus*, 8, 42); de plus, le mandat *ad litem* avait ce grand avantage sur la *delegatio ex stipulatione* qu'il laissait subsister l'ancienne créance avec toutes ses garanties.

Lorsque le cessionnaire, le *procurator in rem suam* voulait exercer des poursuites contre le débiteur cédé, il demandait au préteur la délivrance d'une formule semblable à celle qui était donnée au *procurator* ordinaire. Ainsi l'*intentio* de la formule était conçue au nom du mandant, et la *condemnatio* au nom du mandataire; une fois la formule délivrée par le magistrat *lis contestabatur*, c'est-à-dire qu'il y avait *litis contestatio*.

Nous savons que la *litis contestatio* a pour effet de lier irrévocablement le débat entre les deux personnes qui y figurent, et de produire une sorte de novation par délégation, en ce sens qu'un créancier et un débiteur nouveaux peuvent être substitués au créancier et au débiteur anciens. Dans le mandat *ad litem* la *litis contestatio* fixera sur la tête du *procurator* l'action appartenant au mandant; désormais le cessionnaire pourra continuer les poursuites malgré la mort du mandant (L. 23, *Cod.*, 2, 13); la mort du mandataire sera même indifférente, car la *litis contestatio* perpétue toutes les actions qui, une fois qu'elles sont déduites en jugement, *inclusæ judicio*, passent aux héritiers de la partie engagée. A partir de la *litis contestatio*, le cessionnaire peut même se substituer un *procurator* (L. 8, *Mandati vel contra, D.,* 17, 1).

Le mandat *ad litem* était du reste soumis aux règles ordinaires concernant le mandat, le *procurator in rem suam* ne se distinguait du mandataire ordinaire qu'en ce que, comme lui, il n'était pas tenu de rendre compte à son mandant. Remarquons de plus que le *procurator in rem suam* avait toujours pouvoir pour recevoir le paiement et pour faire un pacte avec le débiteur, pouvoir que le *procurator in rem alienam* n'obtenait que par une clause formelle du mandat (L. 4, pr., *D.*, *De re judicata*, 42, 1; L. 86, *De solutionibus*, 46, 3).

Nous venons de voir qu'après la *litis contestatio* le droit du cessionnaire était assuré ; il en était tout autrement si la *litis contestatio* n'était pas venue opérer novation judiciaire en éteignant la première créance pour en faire naître une nouvelle au profit du manda-taire. Il résultait, en effet, de l'assimilation de notre mandat au mandat ordinaire que jusqu'à la *litis con-testatio* le mandat était révocable *ad nutum* (L. 16, *D.*, *De procuratoribus*, 3, 3), qu'il s'éteignait par la mort du mandant comme par celle du mandataire (Gaius, III, 160, L. 15, *Cod.* 4, 35).

Le cédant venait-il à mourir avant la *litis contestatio*, quelle était la position du mandataire ? S'il y avait des héritiers, il pouvait demander un nouveau mandat. Mais le créancier était mort *sine herede :* dans ce cas, le cessionnaire n'avait d'autre ressource que l'action utile (L. 1, *C.*, 4, 10) ; il avait donc perdu l'action di-recte. Avant la création des actions utiles, il était tout à fait sans recours. Il y avait plus : le cédant resté tou-jours créancier pouvait, malgré le mandat donné, ren-dre la cession inutile en intentant lui-même l'action, en transigeant, en novant, en compensant la créance. Ulpien, qui pose l'espèce (L. 55, *D.*, *De procuratoribus*), décide que le mandant sera repoussé, parce que l'ac-tion utile dont le cessionnaire est investi, paralyse l'action directe. Si donc nous nous plaçons à une époque antérieure à la création des actions utiles, il est vrai de dire que le mandant pouvait toujours, avant la *litis contestatio*, révoquer virtuellement le mandat qu'il avait donné. Il est vrai que, lorsque la cession avait pour cause une vente, l'acheteur avait un recours contre son vendeur par l'action *empti* (L. 23, D., *De hereditate v. a. v.*, 18, 4) ; mais la vente n'était point la seule cause qui pût amener la cession d'actions, et alors la position du cessionnaire était tout à fait précaire.

D'ailleurs, même dans le cas de vente, le cessionnaire était à la merci du débiteur cédé, qui pouvait toujours payer au cédant, et obtenir ainsi sa libération. Un autre inconvénient du mandat *ad litem*, c'est que, avant la *litis contestatio*, le cessionnaire ne pouvait pas se substituer un autre cessionnaire. De là la règle : «Procuratorem ante litem contestatam procuratorem facere non posse» (L. 8, D., *Mandati v. contra*, 17, 1).

Il nous est maintenant facile d'apprécier le mérite respectif des deux formes sous lesquelles la cession put successivement se faire. La *delegatio ex stipulatione* était une opération difficile ; elle exigeait le concours du débiteur cédé, et entraînait la perte de garanties précieuses, mais elle donnait au délégataire un droit indépendant et stable.

Le mandat, au contraire, exempt de formalités rigoureuses, se faisait sans le concours du débiteur cédé, et conservait à la créance les garanties dont elle était munie, mais il ne conférait au *procurator*, du moins jusqu'à la *litis contestatio*, qu'une situation précaire et incertaine. Même après la *litis contestatio*, le mandant pouvait révoquer le mandat *causa tamen prius cognita* (L. 17, D., 3, 3).

Il fallait, sans éteindre le droit de propriété du cédant, ce qui eût été contraire aux principes, empêcher les conséquences fâcheuses du maintien de ce droit entre ses mains. Une constitution de Gordien, rendue en l'an 239, vint au secours du cessionnaire, en lui permettant de rendre son mandat irrévocable dès avant la *litis contestatio*. Cette constitution est ainsi conçue (L. 3, *Cod.*, *De novationibus*, 8, 42) : «Si delegatio non est interposita debitoris tui, ac propterea actiones apud te remanserunt, quamvis creditori tuo adversus eum solutionis causa mandaveris actiones, tamen antequam lis contestetur vel aliquid ex debito accipiat, vel debitori tuo denuntiaverit, exigere a debitore tuo debitam quantitatem non vetaris, et eo modo tui creditoris exactionem contra eum inhibere.»

Ainsi Gordien améliore de beaucoup la position du cessionnaire, puisqu'il défend au cédant de recevoir le paiement du débiteur cédé ou de l'actionner dans trois cas : 1° S'il y a *litis contestatio* opérée du chef du cessionnaire; 2° si le cessionnaire a déjà touché une partie de la dette; 3° si le cessionnaire a fait connaître la cession au débiteur, *debitori tuo denuntiaverit*[1].

Cette dénonciation devint dès lors plus importante que la *litis contestatio*, car elle peut être faite immédiatement après la cession, et permet par là au cessionnaire de se saisir aussi vite que possible vis-à-vis du débiteur cédé. Mais qu'était-ce que cette dénonciation? Certains auteurs pensent qu'il ne s'agit pas ici d'un acte formel émané du cessionnaire, et qu'il suffit que le débiteur cédé ait eu connaissance de la cession d'une manière quelconque, pour qu'il lui soit interdit de

[1] La première mention d'une pareille dénonciation se rencontre dans une Constitution d'Alexandre Sevère de l'an 226 (L. 4, *Cod.*, *Quæ res pignori*).

payer au cédant. On cite à l'appui la loi 15 (*D.*, *De trans-actionibus*, 2, 15). Nous pensons qu'il convient d'adopter l'opinion contraire. Nous croyons que la connaissance accidentelle que le débiteur cédé pourrait avoir de la cession ne saurait tenir lieu de dénonciation.

D'abord la Loi 17, *De transactionibus* n'est nulle-ment concluante. L'espèce est celle-ci : un héritier a fait cession (avant l'adition) de son droit d'hérédité, puis il opère une transaction avec un débiteur hérédi-taire, qui ignore cette cession. Papinien décide que le débiteur devra être secouru contre le cessionnaire qui voudrait agir. « Exceptio transacti negotii debitori propter ignorantiam suam accomodanda est. » Cela ne nous semble nullement prouver qu'il suffise au débi-teur cédé d'une connaissance quelconque de la cession pour rendre applicable la constitution de Gordien ; car Papinien ne nous dit pas si dans le cas où le débiteur cédé connaîtrait la vente de l'hérédité, et transigerait avec l'héritier cédant, il serait néanmoins soumis à l'action de l'*emptor* du cessionnaire. Une raison à notre avis tout à fait décisive c'est le contexte de notre loi elle-même. Une lecture attentive convaincra, en effet, que le verbe *denuntiaverit* ne peut avoir d'autre sujet que le verbe *accipiat*, c'est-à-dire le mot *cessionnaire* sous-entendu. S'il suffisait d'ailleurs pour paralyser lé droit du cédant que le débiteur eût eu connaissance de la cession d'une façon quelconque, pourquoi Gordien mettrait-il sur la même ligne que la *litis denuntiatio* deux faits distincts produisant le même effet? A entendre cette *litis denuntiatio* dans le sens indiqué, il n'y au-rait réellement qu'une seule circonstance, la connais-sance acquise de la cession par n'importe quel moyen, qui rendît le mandat irrévocable. En effet, le débiteur cédé qui a éprouvé la *litis contestatio* du chef du cessionnaire, ou qui a fait un commencement de paiement entre ses mains connaît bien évidemment la cession. Il serait donc faux d'énumérer ces trois faits comme mettant tous trois obstacle au droit du cédant.

Nous concluons que c'est une dénonciation formelle émanée du cessionnaire qui a été établie par la constitution de Gordien. Cette dénonciation peut du reste consister dans une citation en justice, une interpellation, une déclaration dont le cessionnaire pourra demander l'acceptation par le débiteur cédé, et dont il sera toujours admis à rapporter la preuve.

A partir de la *litis contestatio* du paiement partiel, ou de la dénonciation faite au débiteur cédé, le cessionnaire est donc efficacement protégé, puisqu'il est sauvegardé à la fois contre les actes par lesquels le cédant aurait pu rendre la cession illusoire, et contre le paiement anticipé que le débiteur cédé aurait pu faire entre les mains du cédant. Restaient néanmoins les deux autres inconvénients que nous avons signalés, c'est-à-dire ceux qui résultaient de l'extinction du mandat par la mort du mandant et du mandataire, et de l'impossibilité pour le cessionnaire de se substituer un *procurator* avant la *litis contestatio*, car il faut bien remarquer que la *litis denuntiatio* n'entraînait pas novation comme la *litis contestatio*, et ne donnait pas par conséquent au cessionnaire un droit propre, qu'il eût pu transmettre soit à ses héritiers, soit à un mandataire. On parvint à remédier complétement à ces derniers inconvénients et à réduire le principe de l'incessibilité des créances à une pure théorie, par une institution d'origine prétorienne, mais que les empereurs ne tardèrent point à adopter. Nous voulons parler des actions utiles. L'expression *action utile* indique une action étendue par l'interprétation ou par l'usage, sous l'influence des préteurs, du cas pour lequel elle avait été imaginée à un cas analogue. Toutes les actions utiles furent accordées à l'exemple de l'action exercitoïre, action prétorienne qui servit de type à toutes les autres (Gaius, IV, 69, 74). Quelquefois aussi l'action utile était à son tour donnée utilement; c'était une extension de l'extension.

Les Romains n'abrogèrent point le principe de l'extinction du mandat *ad litem* par la mort du mandataire survenue avant la *litis contestatio*, mais ils accordèrent aux héritiers de ce mandataire une action utile pour poursuivre les débiteurs comme s'ils étaient eux-mêmes mandataires (LL. 7 et 8, *Cod., De hereditate v. act. v.*, 4, 39). De même l'empereur Gordien accorda au cessionnaire le droit de continuer les poursuites bien que le cédant fût mort avant la *litis contestatio* (L. 1, *Cod., De obligationibus et actionibus*, 4, 10). Ainsi le mandat cessa de prendre fin soit par la mort du cédant, soit par celle du cessionnaire. Quelle eût été, en effet, l'utilité du retour de l'action directe aux mains du cédant ou de ses héritiers, puisque l'action utile restée au cessionnaire ou à ses ayants-cause obtenait une préférence incontestée (L. 55, *D., De procuratoribus*, 3, 3)? On ne s'arrêta pas dans cette voie, et l'on accorda l'action utile dans des cas où il n'y avait eu aucun mandat, mais où il était équitable qu'il fût donné. Ulpien permet à un débiteur héréditaire de repousser le vendeur par l'exception de dol, parce que, dit-il, un

rescrit d'Antonin accorde l'action utile à l'*emptor hereditatis* même avant qu'il y ait eu mandat (L. 16, *D.*, *De
pactis*, 2, 14). Le sénatus-consulte Trébellien avait déjà
accordé les actions utiles au fidéicommissaire (Gaius, II,
253), et Septime Sévère avait permis aux personnes qui
avaient traité avec un mandataire, d'intenter *utiliter*
contre le mandant les actions dont elles auraient pu
demander la cession; réciproquement le mandant put
intenter des actions utiles contre les tiers qui avaient
traité avec le mandataire (L. 45, pr., *Mandati, v. c., D.*,
17, 1; L. 31, *D.*, *De negotiis gestis*, 3, 5; L. 31, *D.*, *De
procurat.*, 3, 3).

Des actions utiles furent ainsi successivement accordées au créancier gagiste, qui fut admis, en cas de
non paiement à l'échéance, à faire valoir lui-même la
créance engagée ou à la céder (L. 4, *Cod.*, *Quæ res
pignori*, 8, 17); au mari qui avait reçu en dot une
créance (L. 2, *Cod.*, *De obligat. et action.*, 4, 10); au
créancier qui avait accepté une créance en paiement
(L. 5, *Cod.*, *Quod fiscus vel privatus*, 4, 15); au léga-
taire d'une créance (L. 18, *Cod.*, *De legatis*, 6, 37) etc.
Il était donc tout naturel que la Loi 8 (*Cod.*, *De heredit.
v. act. vend.*) accordât l'action utile au cessionnaire
d'une créance. Remarquons que pendant longtemps
cette action ne fut donnée que dans le cas de cession
à titre onéreux. Ce fut Justinien qui l'étendit, même
en cas de cession, à titre gratuit (L. 33, *Cod.*, *De donationibus*, 8, 54).

On n'avait d'abord donné l'action utile que dans des
cas spéciaux comme ressource subsidiaire : on en vint
à considérer d'une manière générale tout fait qui faisait
naître dans une des parties l'obligation de céder l'ac-

tion directe, comme suffisant pour faire naître immédiatement dans l'autre partie l'action utile.

En sorte que, lorsqu'en réalité le mandat est intervenu, le cessionnaire peut agir à son choix, soit *utiliter* de son chef, soit comme *procurator in rem suam* du chef du cédant; le concours des deux actions, l'une directe, l'autre utile, est admis dans ce cas, ainsi qu'il résulte de la Loi 5, *Cod.*, *De hereditate v. a. v.*, 4, 39).

En résumé, dans le dernier état du droit, la cession pour laquelle il fallait jadis une délégation, puis un mandat formel, peut se faire par cela seul qu'un mandat est possible. Elle ne prend plus fin par la mort du mandant ou du mandataire, survenue avant la *litis contestatio*, et le cessionnaire peut toujours se substituer un second cessionnaire. L'action utile, en effet, échappait à la règle : « Procuratorem ante litem contestatam procuratorem facere non posse.»

Il nous reste maintenant à examiner quel est le caractère de l'action utile. D'après un grand nombre d'auteurs, l'action utile a un caractère propre et distinct de l'action directe, et la position du débiteur à l'égard du cessionnaire est complétement changée. Dans cette opinion, la cession a lieu par la seule volonté des parties, sans qu'il y ait mandat ni dans la forme ni dans le fonds ; le cessionnaire, quand il agit par l'action utile, est un véritable successeur à titre particulier du cédant.

Au contraire, l'action utile n'a, selon nous, pour objet que de faire envisager le créancier comme mandant ; elle ne repose que sur une cession présumée; ce serait une grave erreur que de vouloir établir une différence entre le cas où le cessionnaire agit *procuratoris nomine* et celui où il agit en vertu d'une action utile. Mühlenbruch a réfuté cette erreur (*Traité de la cession*, p. 16 et 17 ; Molitor, *Traité des obligations*, n° 1184[1]).

Disons donc que l'action utile a pour but, pour fonction, soit de faire subsister le mandat *ad agendum*, malgré la mort du mandant et du mandataire, soit de faire présumer légalement que ce mandat est intervenu là où il n'est point intervenu de fait, mais où il aurait dû intervenir en vertu d'un titre (vente, donation ou legs). Mais l'action utile ne modifie en rien la position des parties ; le mandat est toujours sous-entendu, et le débiteur cédé se défendra et accomplira son obligation, comme s'il avait à répondre au cédant lui-même (Mühlenbruch, *Doctrina Pandectarum*, n° 500).

Il nous faudrait maintenant, pour compléter cet exposé historique, parler des Constitutions d'Anastase et de Justinien ; mais, comme ces Constitutions ont sensiblement modifié les effets de la cession, nous les verrons ultérieurement après avoir parlé des effets de la cession.

CHAPITRE II.

QUELLES CRÉANCES PEUVENT ÊTRE CÉDÉES ?

En règle générale, toutes les créances sont cessibles sans distinction de la diversité de leur cause, de leur effet ou de leur objet. Ainsi on peut céder les créances

---

[1] Notre opinion se justifie par la notion même de l'action utile qui a été créée par analogie d'une action déjà existante, et par l'étymologie du mot que l'on fait dériver de *ut, uti, comme* (Hugo, *Geschichte des römischen Rechts*, p 657)

qui naissent de la violation ou de la revendication des droits réels, tout aussi bien que les créances qui naissent de contrats et de délits. Sont cessibles également les obligations pures et simples, à terme, conditionnelles, incertaines, alternatives, civiles ou naturelles (L. 35, *D.*, *De contrahenda emptione*, 18, 1 ; L. 40, pr., *D.*, *Ad. SC. Trebellian*, 36, 1 ; L. 17, *D.*, *De hereditate v. act. v.*, 18, 4 ; L. 19, *eodem*). Il est, du reste, bien entendu que le cessionnaire d'une obligation naturelle ne peut la faire valoir qu'au moyen d'une exception, comme aurait pu le faire le cédant lui-même.

Le principe général de la cessibilité des créances doit cependant recevoir une limitation ; il est, en effet, un assez grand nombre de créances qui ne peuvent être cédées. Les glossateurs ont voulu ramener la théorie de ces exceptions à un principe général, et ils ont dit: «Quidquid non est transmissibile, non est cessibile.» Cet adage est doublement faux ; il est d'une part des obligations qui peuvent se céder sans pouvoir se transmettre aux héritiers, comme par exemple l'usufruit; et d'autre part l'action intentée, absolument incessible en droit romain, se transmet toujours aux héritiers des parties. Mühlenbruch distingue les droits et actions qui sont incessibles d'une manière absolue, et les droits et actions qui ne le sont que d'une manière relative et à de certaines conditions.

Sont incessibles d'une manière absolue :

1° Les droits et créances qui ne sont pas comptés parmi les droits dont se compose le patrimoine. Ce sont:

a) Les actions populaires que tout le monde peut intenter, et qui se rapportent principalement à des questions d'intérêt général (L. 5, *D.*, 47, 23).

b) Les actions *quæ vindictam spirant.* Telles sont, par exemple, l'*actio injuriarum*, l'action en révocation d'une donation pour cause d'ingratitude, et la *querela inofficiosi testamenti.* Ces actions ont pour fondement moins une lésion matérielle qu'un affront personnel dont on veut tirer vengeance. Il ne saurait pourtant être nié qu'elles n'aient, à certains égards, un caractère patrimonial qui pourrait faire douter de leur incessibilité. Mais les textes sont formels (L. 28, *D.*, *De injuriis*, 47, 10; L. 7, *Cod.*, *De revocandis donationibus*, 8, 56).

2° Les droits et actions que la loi, la nature du droit même, ou la volonté de l'homme ont inséparablement attachés à la personne. Ainsi, les *operæ libertorum officiales*, à la différence des *operæ fabriles*, sont incessibles (L. 9, *D.*, 38, 1). L'*intuitus personæ* empêche ici toute idée de spéculation. Par la même raison, les créances d'aliments légués par testament, les droits d'usage ne peuvent se céder (L. 8, *D.*, 2, 15; L. 10, *D.*, 7, 8). En effet, ces deux droits ne sont établis que pour la satisfaction des besoins d'une personne déterminée, besoins qui sont la mesure du droit même, si bien que l'exercice de ce droit, abstraction faite de la personne, ne se conçoit pas. L'exercice de ces droits est, sous tous les rapports, inséparable de l'individualité de la personne à qui ils appartiennent.

3° Les droits qui ne sont que l'accessoire d'un autre droit. Ces droits peuvent bien être cédés avec la créance principale, mais ils ne peuvent l'être séparément. Ainsi le cautionnement et l'hypothèque ne sauraient être cédés indépendamment de l'obligation principale, et de manière que le cessionnaire pût exercer ces droits pour une autre action principale dont il serait créancier de son propre chef. Mais si la cession de l'obligation accessoire à l'obligation principale se fait de telle manière que le cessionnaire ne fera qu'exercer l'action contre la caution ou l'action hypothécaire, absolument aux mêmes conditions que le cédant eût exercé lui-même ces actions, nous pensons que rien ne s'oppose à la validité de la cession.

Les causes pour lesquelles une action cessible en soi ne peut être cédée que d'une manière relative et à de certaines conditions, émanent toutes de la loi.

1° Les empereurs Honorius et Théodose, par la Loi 2, *Cod.*, 2, 14, défendirent le transport de la créance *ad potentiorem*. Cette constitution avait pour but de protéger les débiteurs contre l'*aperta voracitas* du créancier qui, moyennant une somme, achetait l'appui du *potentior*, ou qui cédait la créance elle-même à un *potentior*. Nous croyons, en effet, que la défense porte tant sur la cession réelle, que sur la cession fictive, qui ne faisait intervenir le *potentior* que pour profiter de son influence. Voir *infra* notre chap. III.

C'est ce que prouve notre titre lui-même :

« Ne liceat potentioribus patronicium litigantibus præstare, vel actiones in se transferre » (*Cod.*, 2, 14).

2° Toutes les créances, quoique cessibles de leur nature, deviennent incessibles quand elles sont litigieuses. Or une créance est litigieuse à partir de la *litis contestatio*, de la demande adressée au prince, ou plus tard par l'envoi du *libellum*. La créance nouvelle que fait naître la *litis contestatio* ne peut plus être cédée (LL. 2 et 4, *Cod.*, *De litigiosis*, 8, 37). Ce n'était là, du reste, que l'application d'un principe plus général, par lequel tout objet litigieux devenait inaliénable, qu'il s'agît d'un droit personnel ou d'un droit réel (Gaius, IV, 117). La prohibition d'aliéner les créances litigieuses résulte de la Loi 2, *Cod.*, *De litigiosis*, 8, 37), où Constantin déclare que toute créance cesse d'être cessible, du moment qu'elle est devenue litigieuse, et qu'en conséquence le procès doit continuer entre le créancier cédant et le débiteur cédé. « Tanquam si nihil factum sit lite nihilominus peragenda. »

Cette constitution a été rendue dans le but de protéger les débiteurs et les créanciers eux-mêmes contre des agents d'affaires peu scrupuleux, qui achetaient les créances à vil prix, et en retiraient ensuite une valeur bien supérieure à celle qu'ils avaient payée. On en vint à considérer, comme contraire aux bonnes mœurs, toute convention qui avait pour but d'intéresser un étranger au gain éventuel d'un procès, par la promesse d'une somme fixe en cas de succès, ou surtout par celle d'une part dans les bénéfices (L. 15, *Cod.*, *De procuratoribus*, 2, 10. L. 20, *Cod.*, *Mandati*, 4, 35). C'est ce que les commentateurs ont appelé pacte *de quota litis*; tout mandat salarié est regardé comme contraire aux mœurs (L. 7, *D.*, *Mandati vel contra*, 17, 1). Une constitution de Constantin déclare indigne et déchu de la profession d'avocat toute personne qui se livre habituellement à des spéculations de ce genre (L. 5, *Cod.*, *De postulando*, 2, 6).

Justinien confirma la constitution de Constantin, relative à la cession de créances litigieuses en la modifiant par une distinction importante (L. 4, *Cod.*, *De litigiosis*, 8, 37). Si le cessionnaire connaissait le caractère litigieux du droit dont il se rendait acquéreur, il devait en remettre le vendeur en possession, mais sans pouvoir demander la restitution du prix qui était versé entre les mains du fisc. Si le cessionnaire avait été de bonne foi, le contrat était encore annulé, mais l'acheteur avait le droit de demander au vendeur le remboursement du prix, et, en outre, le tiers de ce prix, à titre de peine pour l'*abscondita machinatio* dont le vendeur s'est rendu coupable. Cette constitution apporte aussi des exceptions à la règle absolue posée par Constantin dans la Loi 2, *D., De litigiosis.* Justinien permit la cession des créances litigieuses : 1° lorsque la cession était faite à titre de dot ou de donation *propter nuptias;* 2° à titre de legs ou de fidéicommis ; 3° lorsqu'elle avait pour but d'arriver à une transaction ou à un partage. On comprend que dans ces différents cas les motifs de la cession sont très-légitimes, et excluent toute présomption de spéculation de la part du cédant et du cessionnaire.

CHAPITRE III.

CAPACITÉ EN MATIÈRE DE CESSION.

Tous ceux qui peuvent contracter sont capables en principe de jouer le rôle de cédant et de cessionnaire ; mais ce principe admet quelques exceptions ; les unes résultent de la forme particulière de la cession, les autres sont fondées sur des motifs d'ordre public.

Au point de vue actif, et en ce qui concerne la faculté de céder, il y a trois incapacités spéciales :

1° Les infâmes, ne pouvant se faire représenter en justice, ne peuvent céder leurs actions, puisque la cession se produit sous la forme d'un mandat (*Instit.*, IV, 3, § 11).

2° L'esclave qui a la libre administration de son pécule, qui peut aliéner les objets compris dans ce pécule, et même obliger son maître envers l'achéteur par l'action *empti de peculio* s'il a vendu une créance comprise dans ce pécule, n'a en principe qualité pour exercer lui-même aucune action, ni, par conséquent, pour en déléguer l'exercice (L. 33, *D.*, *De proc.*, 3, 3).

3° Le cessionnaire ne peut avant la *litis contestatio* céder lui-même l'action à un tiers. Il serait contraire à toutes les règles qu'il constituât un *procurator* à l'effet d'exercer l'action d'autrui ; or c'est par la *litis contestatio* seulement qu'il se l'approprie et la fait sienne (L. 33, *Cod.*, *De donationibus*, 8, 54).

Au point de vue passif, et en ce qui concerne la faculté de se présenter comme cessionnaire, on conçoit que ceux-là seuls sont capables qui peuvent recevoir un mandat *ad litem* et postuler pour autrui ; à ce titre on écartait :

1° Les infâmes. Il semble bien qu'à l'origine les femmes et les militaires ont été également frappés de cette incapacité ; mais on avait fini par admettre que ces personnes pouvaient agir *procuratorio nomine*, pourvu que ce fût dans leur propre intérêt, c'est-à-dire qu'on les admit à être *procuratores in rem suam* (L. 8, § 2, *D.*, *De procuratoribus*, 3, 3).

2° Le muet, le sourd ne pouvaient être cessionnaires (L. 43, *D.*, *De procuratoribus*). Il paraît en être de même pour l'aveugle, qui ne peut postuler *pro aliis* (L. 1, *D.*, *De postulando*, 3, 1, § 5). Aucun texte ne consacre en sa faveur les dérogations admises en faveur des femmes et des militaires.

Ces exceptions se comprennent bien à l'époque où un mandat était nécessaire pour opérer la cession ; mais lorsque le cessionnaire put agir *suo nomine* en vertu de l'action utile, faut-il dire qu'elles n'existent plus?

Nous avons déjà répondu à cette question en examinant les effets et la portée de l'introduction des actions utiles; nous avons admis que quand le cessionnaire agissait par l'action directe, le mandat était formel, que quand il agissait par l'action utile, il était sous-entendu; or pour sous-entendre le mandat il faut qu'il soit possible. Nous pensons donc que le mandat ne pouvant être donné dans les différents cas que nous venons d'énumérer, ces exceptions ont subsisté même après l'introduction des actions utiles.

Telles sont les exceptions qui résultent de ce que la cession a lieu sous forme de mandat; il nous reste à examiner celles qui ont trait à un motif d'ordre public, c'est-à-dire à la protection du débiteur cédé.

La loi des Douze Tables défendait déjà sous peine d'une action au double de consacrer aux dieux la chose sur laquelle s'étaient élevées des prétentions opposées (L. 3, *D.*, *De litigiosis*, 44, 6). Sous la République une loi Licinia avait défendu les aliénations qui avaient pour but de rendre la position du débiteur plus onéreuse par rapport à la poursuite de ses droits (L. 12, *D.*, *De alienationibus judicii mutandi*, 4, 7). Le préteur s'empara de cette idée, et lorsqu'une aliénation avait été faite dans l'intention de rendre plus dure la condition de la partie adverse, il protégea cette partie en lui accordant une action *in factum* contre le cédant afin de l'indemniser du préjudice que lui causait la substitution d'un nouvel adversaire à l'ancien (L. 1, *D., De alienationibus j. m. c. f.*, 4, 7).

Tout cela n'avait trait qu'aux aliénations de droits réels. Cependant, bien qu'en théorie la cession ne déplace pas le droit et n'altère en rien la position du débiteur cédé, il est évident qu'en fait l'intervention d'un tiers en qualité de *procurator* peut être très-préjudiciable au débiteur. Aussi les constitutions impériales établirent-elles bientôt entre la cession de droits réels et la cession de droits d'obligation une assimilation presque complète.

Une constitution de l'empereur Marcus Aurélius Claudius, renouvelée plus tard par Dioclétien et Maximien, défend de céder des créances à une personne qui par sa puissance ou sa position sociale serait un adversaire plus dangereux pour le débiteur : *cessio in potentiorem* (LL. 1 et 2, *Cod., Ne liceat potentioribus*, 2, 14). Les présidents des provinces furent constitués arbitres des peines à appliquer. Les empereurs Honorius et Théodose reproduisirent la même prohibition en punissant le créancier de la perte de sa créance. « Debiti creditores jactura mulctentur. »

Les constitutions ne déterminent pas qui on doit considérer comme *potentior;* c'était au magistrat à l'apprécier ; mais l'idée des empereurs était de considérer comme tel quiconque par sa puissance ou sa fortune était en état d'exercer une influence fâcheuse sur la libre défense de l'adversaire.

C'est par l'application du même principe qu'on prohibe les cessions frauduleuses faites à l'empereur, au fisc, aux cités (L. 22, *Cod.*, *De jure fisci*, 49, 14).

Dans le cas de la Loi 2, *Cod.*, *Ne liceat potentioribus*, à qui profite la nullité de la cession? La créance s'éteint-elle en faveur du débiteur, ou est-elle acquise au fisc?

Nous croyons que la nullité de la cession profite au débiteur, et nous en donnons pour prèuve la Loi 3, *D.*, *De litigiosis*, 44, 6, *in fine*, et la Nov. 72 qui statuent dans des cas analogues.

Une seconde prohibition est fondée sur le même motif d'ordre public. Une créance sur un pupille ne peut être cédée au tuteur soit pendant la tutelle soit après, si la dette existait déjà au temps de la tutelle (Nov. 72, chap. V, § 18). L'incapacité du tuteur ou du curateur provient ici de la juste crainte qu'on peut avoir qu'il ne fasse disparaître frauduleusement les preuves de la libération du pupille.

La cession n'est point complétement inutile parce que le cédant reste dessaisi de son action, laquelle est anéantie entre les mains du cessionnaire pour le plus grand avantage du pupille. Le pupille se trouve libéré envers le cédant sans être tenu envers le cessionnaire « infirmam esse volumus, et lucrum fieri adolescentis. » Le tuteur de son côté n'a aucun recours contre son cédant, et aucune action contre le débiteur; il devrait même lui rendre tout ce que celui-ci lui aura payé en vertu de cette cession illégale.

Certains auteurs regardent encore comme nulle la cession faite au fils d'une créance contre son père, ou réciproquement, à moins que cette créance ne soit de nature à entrer dans le pécule *castrans* ou *quasi-cas-*

trans. On s'appuie sur la Loi 7 (*D.*, *De obligat. et act.*, 44, 7). Nous ferons seulement remarquer que la loi, après avoir dit : «Actiones adversus patrem filio præstari non possunt,» ajoute : «dum in potestate ejus est filius.» Il s'agit donc d'un fils en puissance, et il est incontestable que tant que durera la puissance paternelle le cessionnaire ne pourra pas agir ; mais est-ce une raison pour que le fils, après que la puissance paternelle aura cessé, ne puisse faire valoir la cession contre son père? C'est ce qu'on ne saurait affirmer qu'avec l'appui d'un texte positif, et ce texte manque.

CHAPITRE IV.

DES EFFETS DE LA CESSION.

Les effets de la cession découlent de la nature complexe de l'opération. Nous y trouvons d'abord une aliénation en faveur du cessionnaire, ensuite un mandat qui lui est donné. Le dernier élément détermine la position du débiteur à l'égard des autres parties ; l'idée de l'aliénation domine les rapports entre le cédant et le cessionnaire, et modifie les effets naturels du mandat. Après avoir étudié les différentes modifications historiques qu'a subies la cession, après avoir vu à quelles créances elle pouvait s'appliquer et par quelles personnes elle pouvait être faite, nous allons voir les différents rapports qu'elle fait naître, et comme nous nous occupons plus spécialement dans ce travail de la transmission des créances à titre de vente, nous traiterons dans une première section des obligations réciproques du cédant et du cessionnaire ;

daps une seconde section nous, parlerons des rapports qui existent entre le cédant et le débiteur cédé ; enfin, une troisième section sera consacrée aux rapports qui existent entre le cessionnaire et le débiteur cédé.

SECTION PREMIÈRE.

OBLIGATIONS RÉCIPROQUES DU CÉDANT ET DU CESSIONNAIRE.

1° *Obligations du cédant.*

On sait qu'il y avait vente en droit romain quand une personne s'obligeait à livrer à une autre personne une chose moyennant le paiement d'un prix convenu. La vente n'avait point pour effet de transférer la propriété (*dare rem*), mais bien seulement de créer des obligations réciproques (L. 25, *D.*, *De contrahenda emptione*, 18, 1). Les obligations du vendeur consistaient à « vacuam possessionem tradere, præstare emptori rem licere habere » (L. 48, *D.*, *Empti*, 19, 1; L. 66, § 1, *D.*, *De contrahenda emptione*, 18, 1; L. 11; *D.*, *eodem*).

a) *Obligation de* TRADERE. Le vendeur d'une chose corporelle était obligé de livrer la chose vendue de manière que l'acheteur en eût la pleine jouissance et possession comme de chose à lui appartenant; de même le vendeur d'une créance doit mettre à la disposition du cessionnaire tous les moyens de poursuite relatifs à la créance ; il doit donc lui donner le mandat qui est nécessaire pour exercer l'action directe, lui remettre les titres, les moyens de preuve, en un mot tout ce qui peut lui être utile pour lui procurer l'émolument de la créance. Le cédant doit encore céder au cessionnaire non-seulement la créance principale, mais encore toutes les garanties qui s'y rattachent

tels que gages, hypothèques, actions contre les fidéjusseurs (L. 23, *D.*, *De hereditate-vel actione vendita*,
17, 4).

De là il résulte que celui qui cède des actions contre
un fils de famille, doit céder en même temps les actions contre le père (L. 14, *D.*, *De hereditate v. a. v.*),
et que le cédant ne doit plus agir contre le débiteur ni
recevoir paiement de lui. S'il contrevient à cette obligation, s'il a reçu quelque chose du débiteur soit directement, soit indirectement, par voie de compensation, il doit le restituer au cessionnaire (L. 23, § 1, *D.*,
De hereditate v. a. v., 17, 4). Sous le système des actions de la loi l'obligation de *tradere* ne comprenait
pas celle de fournir les garanties accessoires, puisque
cette obligation s'exécutait par la novation, et que
précisément ce moyen faisait disparaître les garanties
de la créance cédée; nous avons déjà signalé cet inconvénient.

Plus tard l'introduction des actions utiles restrei-
gnit considérablement les obligations auxquelles le cédant était soumis au temps du droit classique. Le mandat étant sous-entendu, le cédant fut dispensé de
donner au cessionnaire l'exercice des actions princi-
pales et accessoires. Toutes ses obligations se réduisaient aux prestations de fait, comme la délivrance de
l'*instrumentum*, et aux restitutions à faire par suite
d'un paiement reçu.

b) *Obligation de* PRÆSTARE REM LICERE HABERE. Il ne
suffit pas que le vendeur ait procuré à l'acheteur le
pouvoir sur la chose, il est de plus tenu de lui garantir la continuation de ce pouvoir, et la paisible jouissance de la chose. Tel est le principe en matière de

ventes de choses corporelles; dans les contrats à titre gratuit le donateur n'est soumis à aucune garantie sauf le cas de dol (L. 18, *D., De donationibus*, 39, 5).

Devons-nous assimiler le vendeur de créances au vendeur de choses corporelles? répondra-t-il de la solvabilité actuelle et future du débiteur, et de la suffisance des garanties de la créance? L'obligation de garantie est ici beaucoup moins étendue qu'en matière de vente ordinaire. Le cédant doit seulement garantir que la créance existe à son profit, et qu'elle est pourvue d'action, il ne répond pas de la solvabilité actuelle ou future du débiteur cédé (LL. 4 et 5, *D., De hereditate v. a. v.*). C'est ce qu'on exprime en disant que le cédant garantit *nomen verum*, mais non pas *nomen bonum esse* (Mühlenbruch, *Doctrina*, § 499).

Si donc la créance n'existe pas du tout, le contrat est nul faute d'objet, le vendeur doit restituer le prix s'il lui a été payé, et prester des dommages-intérêts à l'acheteur (L. 7, *D., De hereditate v. a. v.*). L'acheteur agira non par l'action *empti* puisqu'il n'y a point de vente, mais par la *condictio sine causa*, car il a payé pour avoir une créance, et il n'en a pas; le prix se trouve donc sans cause entre les mains du vendeur. Quant aux dommages-intérêts, il faudra recourir à l'action *de dolo*.

Il ne suffit pas que la créance existe, il faut encore qu'elle existe de manière à pouvoir être utile. Si nous supposons une exception perpétuelle de nature à rendre la créance inefficace entre les mains du cessionnaire; il y aura vente à la vérité, mais l'acheteur aura l'action *empti* pour réclamer à son vendeur le prix et des dommages-intérêts (LL. 10 et 108, *De ver-*

borum significatione, 50, 16; L. 20, § 3, *De liberali causa*, 40, 12; L. 5, *D.*, *De hereditate v. a. v.*)[1].

La même théorie existe relativement aux accessoires de la créance cédée; le cédant qui fait mention de ces accessoires doit garantir seulement leur existence, mais nullement leur efficacité.

Ces règles, qui sont d'une application générale, peuvent naturellement être modifiées par des conventions particulières; il peut même se faire que le cédant réponde de l'insolvabilité du débiteur sans qu'il y ait convention ; c'est dans le cas où il a agi frauduleusement, sachant au moment de la cession que le débiteur était insolvable (LL. 4 et 5, *D.*, *De hereditate v. a. v.*).

Le cédant peut s'obliger par convention à garantir la solvabilité du débiteur; mais de pareilles conventions dérogatoires doivent s'interpréter d'une manière stricte et rigoureuse. Ainsi la promesse de garantir la solvabilité ne s'entend que de la solvabilité actuelle, et ne s'étend pas au temps à venir, si le cédant ne l'a pas expressément stipulé; car l'insolvabilité future est un accident que le cessionnaire peut prévenir en poursuivant immédiatement.

C'est à tort, selon nous, que Mühlenbruch prétend que dans le cas de cession faite *dotis causa* le cédant doit de plein droit et sans y être engagé garantir la solvabilité du débiteur (L. 49, pr., *D.*, *Soluto matrimonio*, 24, 3; Mühlenbruch, *Doctrina*, § 499; *Traité de la cession*, II, § 64).

---

[1] De pareilles exceptions qui rendent l'obligation *inanis, inefficax.* sont, par exemple, l'*exceptio doli*, l'*exceptio quod metus causa*, l'*exceptio non numeratæ pecuniæ* (L. 8, *D.*, *De condictione ob turpem causam*, 12, 5).

A l'inverse, il peut se faire que le cédant ne doive aucune espèce de garantie, pas même celle de l'existence de la créance. Cela a lieu tout d'abord dans les cessions à titre gratuit, c'est-à-dire qui ont pour cause une donation ou un legs (L. 18, § 3, *De donationibus*, 39, 5). En second lieu, si je vous vends ma créance comme incertaine, il n'y a pas lieu à restitution du prix en cas de non-existence de la créance (LL. 10 et 11, D., *De hereditate v. actione v.*). Si le vendeur avait ajouté la clause *ne de evictione teneatur*, il ne pâierait pas de dommages-intérêts, mais restituerait le prix, à moins pourtant qu'il ne soit prouvé que l'acheteur connaissait l'inexistence de la créance et qu'il voulait faire donation du prix (L. 53, D., *De regulis juris*, 50, 17).

2° Obligations du cessionnaire.

La principale obligation du cessionnaire est de payer le prix d'achat et d'en transférer la propriété au vendeur (L. 11, § 2, D., *Empti*, 19, 1). Si nous supposons que le vendeur a remis entre les mains du cessionnaire un gage destiné à garantir la créance, le cessionnaire actionné en revendication de ce gage par un tiers, devra *auctorem laudare, litem denuntiare* (LL. 1 et 2, Cod., *Ubi in rem*, 3, 19). Le débiteur faisait-il cette *laudatio;* il conservait contre le débiteur qui avait livré le gage l'action *pigneratitia contraria,* et subsidiairement l'action *empti* contre son vendeur. Au contraire, négligeait-il d'appeler son vendeur en cause, il perdait tout recours contre lui et se soumettait de plus à une action en indemnité du débiteur.

SECTION II.

RAPPORTS ENTRE LE CÉDANT ET LE DÉBITEUR CÉDÉ.

Le cédant reste toujours, en dépit de la cession, le seul véritable créancier. Il peut poursuivre le débiteur, le contraindre à payer, transiger avec lui, le libérer par acceptilation (L. 4, *Cod.*, *De novationibus*, 8, 42). Il peut même céder à un second cessionnaire cette créance qui n'a pas cessé de lui appartenir, au moins dans ses rapports avec le débiteur. En agissant ainsi, le cédant a sans doute violé ses engagements à l'égard du cessionnaire, mais il n'a pas outrepassé son droit à l'égard du débiteur cédé. Le débiteur cédé ne peut pas s'opposer à la violation de ces engagements qui sont pour lui *res inter alios acta* (L. 3, *Cod.*, *De novationibus*). Le cessionnaire a seulement un recours contre son cédant, recours qui peut être illusoire. Le principe est donc que la cession ne change rien aux rapports entre le débiteur et son créancier originaire, mais nous connaissons déjà les tempéraments qu'il reçut. Nous savons qu'à partir de la *litis contestatio*, le débiteur cédé ne pouvait plus payer valablement entre les mains du cédant, ni répondre à l'action dirigée contre lui par le cédant; la constitution de Gordien (L. 3, *Cod.*, *De novationibus*), vint donner le même effet au paiement partiel et à la notification faite par le cessionnaire au débiteur cédé. Le cédant voulait-il agir après qu'un de ces événements était intervenu, le débiteur devait le repousser par l'exception de dol; bien plus, en cas de paiement effectué il aurait eu la *condictio sine causa*.

Le débiteur cédé ne pouvait plus obtenir sa libération qu'en payant au cessionnaire. Plus tard, les actions utiles assurèrent encore la position du cessionnaire, qui put poursnivre le débiteur du jour même de la vente, sans avoir besoin de mandat, le mandat étant sous-entendu.

SECTION III.

RAPPORTS ENTRE LE CESSIONNAIRE ET LE DÉBITEUR CÉDÉ.

Nous allons examiner dans cette section les effets les plus importants de la cession; nous étudierons d'abord quels sont les droits du cessionnaire vis-à-vis du débiteur, en second lieu quels sont les droits du débiteur vis-à-vis du cessionnaire.

1° *Droits du cessionnaire vis-à-vis du débiteur cédé.*

Le cessionnaire est investi du droit du cédant : il fera valoir la créance telle que l'avait le cédant, et notamment avec tous les accessoires, intérêts, hypothèques, garanties, cautionnements qui l'assurent, quoique du reste, le cédant ne soit tenu de garantir la *veritas* de ces droits accessoires que lorsqu'il a déclaré que ces droits existaient. Ainsi le cessionnaire peut agir *ex stipulatu* contre les fidéjusseurs (L. 23, *D.*, *De hereditate v. a. v.*, 18, 4); par l'action quasi-servienne contre les tiers, détenteurs d'immeubles hypothéqués à la sûreté de la créance (L. 8, *Cod.*, *De hereditate vendita*, 4, 39; L. 7, *Cod.*, *De obligationibus et action.*, 4, 10).

Étant mandataire du créancier, le cessionnaire peut donc profiter de tous les avantages, de toutes les garanties accessoires, stipulés dans l'intérêt du cédant. Ces points sont hors de controverse. Il n'en est pas de même de la question de savoir si les priviléges, les *bēneficia legis* dont une créance peut être munie, passent également au cessionnaire. Pour résoudre cette question délicate, on a longtemps distingué si le cessionnaire agissait *procuratoris nomine*, en vertu de l'action cédée, ou *suo nomine* en vertu de l'action utile. Nous ne nous arrêterons point à réfuter cette distinction; il est évident que la position du cessionnaire vis-à-vis du débiteur est exactement la même, qu'il agisse comme *procurator* ou en vertu de l'action utile; nous avons admis que quand l'action utile est accordée, le mandat est toujours sous-entendu. Une autre distinction beaucoup plus importante, et qui a le mérite d'être empruntée aux textes, est celle que l'on fait entre les *privilegia causæ* et les *privilegia personæ*.

Il y a, dit-on, des priviléges qui sont si étroitement liés à la personne, qu'ils ne passent point à l'héritier, au continuateur de la personne, à plus forte raison à un simple acheteur. Ce sont les *privilegia personæ;* tels sont le privilége du pupille contre son tuteur, de la femme contre son mari, de la fiancée, si le mariage n'a pas eu lieu (L. 19, *D., De rebus auctoritate judicis,* 42, 5). Il en est d'autres, au contraire, qui sont attachés à la cause de la créance, et qui se transmettent à tous les successeurs, même particuliers. Ce sont les *privilegia causæ;* tels sont les priviléges attachés aux frais funéraires, aux frais faits pour la reconstruction d'une maison, pour l'armement d'un navire, aux créances provenant d'un dépôt chez un *argentarius* (LL. 45, 46. *D., De religiosis,* 11, 7; L. 25, *D., De rebus creditis,* 12, 1).

On s'appuie pour établir cette distinction sur les

lois (L. 68, *D.*, *De regulis juris*, 50, 17; L. 196, *D.*, *Eodem*; L. 42, *D.*, *De administratione tutorum*, 26, 7; L. 5, *Cod.*, *De hereditate v. a. v.*, 4, 39).

. La difficulté est pourtant loin d'être résolue; en effet, on serait sans doute tenté de considérer comme un privilége personnel le bénéfice de la restitution en entier accordé au mineur; on ne peut nier qu'il ne soit accordé en considération de la personne, et pourtant la Loi 24, *D.*, *De minoribus*, 4, 4, permet au cessionnaire majeur de se prévaloir de la restitution dans le cas où le cédant mineur aurait pu le faire.

Le fisc avait le droit exorbitant et spécial d'exiger des intérêts pour toutes les créances, quand bien même il n'était intervenu aucune stipulation à ce sujet (L. 17, § 5, *D.*, *De usuris*, 22, 1 ; c'était là bien certainement un privilége personnel, et cependant la Loi 43, *D.*, *Eodem* et la Loi 2, *Cod.*, *De his qui in priorum*, 8, 19, admettent formellement que ce privilége se transmet au cessionnaire, puisqu'elles lui permettent de demandor les intérêts échus au jour de la demande. Nous croyons, quant à nous, qu'il est très-difficile d'établir en cette matière un principe général ; peut-être pourrait-on dire qu'il faut accorder au cessionnaire tous les priviléges quelconques qui étaient acquis au cédant vis-à-vis du débiteur avant la notification de la cession, mais aussi ceux-là seuls. Le cessionnaire pourra donc faire valoir la créance absolument comme le cédant lui-même l'eût fait valoir (L. 2, *D.*, *De hereditate v. a. v.*, 18, 4; L. 8, *Cod.*, 4, 39).

. Nous admettrons quelques exceptions à cette règle.

a) Le *privilegium exigendi* qui donne au créancier le droit d'être payé de préférence aux autres créanciers chirographaires, et qui rend l'hypothèque privilégiée lorsqu'il y est uni, ne passe pas toujours au cessionnaire. Ainsi dans la Loi 42, *D.*, *De administratione tutorum*, 26, 7, Papinien refuse au tuteur qui a obtenu la cession d'action contre ses co-tuteurs le *privilegium exigendi* accordé au pupille. C'est qu'ici le *privilegium exigendi* est accordé seulement en faveur de la personne. Au contraire, le *privilegium exigendi* passe au cessionnaire lorsqu'il est attaché à la cause de la créance, comme le privilége accordé au prêt fait pour la reconstruction d'un bâtiment (L. 25, *D.*, 12, 1). Ainsi par rapport aux *privilegia exigendi* la distinction en *privilegia causæ* et *privilegia personæ* doit être maintenue.

b) Les priviléges qui ne se rapportent qu'à la procédure sans avoir aucun rapport avec la créance, ne passent jamais au cessionnaire; tels sont les *privilegia fori*. Ainsi le cessionnaire du fisc ne peut pas user du droit du fisc de faire porter la cause devant un fonctionnaire spécial (Mühlenbruch, *Doctrina*, § 500; L. 5, *Cod.*, *Ubi causæ fiscales*, 3, 26). On ne saurait pourtant méconnaître que souvent un privilége de procédure peut considérablement influer sur la valeur du droit même qu'il s'agit de poursuivre.

Pour terminer ce qui concerne les droits du cessionnaire vis-à-vis du débiteur cédé il faut nous demander si le cessionnaire pourra user, à l'occasion de la créance cédée, des priviléges nés dans sa personne. Le cessionnaire exerce un droit qui lui est étranger, il n'est que mandataire du cédant; d'un autre côté la cession s'étant faite sans le consentement du débiteur elle ne peut rendre sa position pire; nous répondrons donc que le cessionnaire ne peut invoquer d'autres priviléges que ceux qu'eût pû invoquer le cédant, et qu'en conséquence la créance ne saurait être affectée d'une cause de préférence personnelle au cessionnaire. On objecte que le cessionnaire représentant exactement le cédant doit pouvoir comme lui invoquer les priviléges nés dans sa personne. La réponse est facile. Le cédant est véritablement créancier; le cessionnaire fait valoir la créance d'autrui. Là est la raison de la différence.

Une objection plus sérieuse se tire de la **Loi 6, D., *De jure fisci*, 49, 14**. Ce texte accorde au fisc cessionnaire d'une créance le droit d'invoquer son *privilegium exigendi*. Nous croyons qu'il s'agit dans ce texte non pas d'une cession faite au fisc, mais d'une succession universelle qui s'est ouverte à son profit Or le fisc qui succède est bien lui-même créancier, c'est son propre droit qu'il exerce, tandis que dans l'hypothèse d'une cession il ne fait qu'exercer le droit d'un autre. Ces deux hypothèses sont trop différentes pour qu'il soit permis de conclure de l'une à l'autre. Si l'on rejette notre interprétation qui semble cependant ressortir des termes mêmes de la loi, nous dirons simplement avec Mühlenbruch, *Doctrina*, § 500, que la Loi 6, *De jure fisci*, est une exception à la règle que nous avons établie, exception qui semble naturelle quand il s'agit du fisc objet des faveurs impériales (voy. la Loi 17, § 6, D., *De usuris et fructibus*, 22, 1).

2° *Droits du débiteur cédé vis-à-vis du cessionnaire.*

De même que le cessionnaire peut se prévaloir des droits attachés à l'action cédée, il doit subir les exceptions que le débiteur aurait pu opposer au cédant agissant en nom propre. Cette règle découle de la nature des choses; elle est de plus impérieusement dictée par le principe d'équité, qui veut que la position du débiteur ne puisse être empirée par la cession. Le débiteur peut donc opposer au cessionnaire toutes les exceptions qu'il eût pu opposer au cédant, car le cédant ne peut céder son droit que tel qu'il l'a, tel qu'il est restreint par des exceptions qui le modifient ou le détruisent. Ainsi le débiteur peut refuser le paiement en se fondant sur ce qu'il a déjà payé au cédant (L. 4, *Cod.*, *Quæ res pignori*, 8, 17). Il peut opposer au cessionnaire la compensation de ce que le cédant lui devait (LL. 4 et 5, *D.*, *De compensatione*, 16, 2); il peut se prévaloir de la transaction opérée par le cédant (L. 17, *D.*, *De transactione*, 2, 15). Mais il est bien entendu que le débiteur cédé ne peut faire valoir du chef du cédant aucune exception née d'une cause postérieure à l'époque où il a perdu le droit de se libérer entre ses mains; il faut donc toujours que les faits sur lesquels se fondent les exceptions aient eu lieu avant la *litis contestatio*, la notification de la cession ou le paiement partiel (L. 3, *Cod.*, *De novationibus*, 8, 42).

L'application de ces principes entraîne de très-graves difficultés; les commentateurs sont loin d'être d'accord sur la question de savoir quels moyens de défense le débiteur cédé peut opposer au cessionnaire. Nous suivrons sur ce point un auteur qui nous a déjà souvent servi de guide.

Mühlenbruch distingue quatre classes d'exceptions :

a) Les exceptions provenant *ex ipsa nominis causa.*

b) *Ex persona cedentis.*

c) *Ex persona cessionnarii.*

d) *Ex persona debitoris (Doctrina Pandectarum,* § 500).

a)[1] Quant aux exceptions provenant *ex ipsa nominis causa*, il n'y a pas de difficulté, le débiteur cédé peut toujours les opposer au cessionnaire; telle est l'exception de violence. La cession n'a pu changer la nature de la dette.

b) Peuvent être également opposées au cessionnaire les exceptions provenant *ex persona cedentis* (L. 17, *D., De transactionibus*, 2, 15), pourvu toutefois qu'elles aient pour cause des faits antérieurs au moment où le cédant a perdu ses droits, conformément à la Loi 3, *Cod., De novationibus.* Ainsi, supposons que postérieurement à la *litis denuntiatio* le débiteur cédé acquiert contre le cédant une créance de nature à être compensée, il ne pourra pas s'en prévaloir contre le cessionnaire, car ce serait en réalité lui opposer un paiement opéré entre les mains du cédant à une époque où le cédant, n'étant plus maître de sa créance, ne pouvait en accorder la libération. Notre auteur enseigne que le débiteur cédé ne peut pas opposer les exceptions provenant *ex persona cedentis*, qui se rapportent uniquement à la procédure. Le débiteur cédé ne pourra donc pas opposer l'exception *fori* qu'il eût pu opposer au cédant.

Quid de l'exception *pacti de non petendo in personam*, fondée sur un pacte conclu entre le cédant et le débiteur cédé? Ce dernier pourra-t-il l'opposer au cessionnaire? Mühlenbruch soutient la négative, et il cite à l'appui la Loi 28, § 2, et la Loi 57, § 1er, *D., De pac-*

---

[1] Telles sont les exceptions de violence, du sénatus-consulte macedonien, du senatus-consulte Velleien, *indebiti* etc.

tis, 2 , 14. Ces textes nous paraissent peu .concluants ; nous déciderons donc que le débiteur cédé peut opposer au cessionnaire une fin de non-recevoir tirée du *pactum de non petendo in personam* , intervenu entre lui et le cédant , car sa condition ne saurait devenir moins favorable par suite de la cession.

Quid de l'*exceptio doli*, fondée sur un dol du cédant contre le débiteur cédé ? Peut-elle être opposée au cessionnaire ? On a invoqué, pour soutenir la négative, la Loi 4, §§ 27 et 28, *D.*, *De doli exceptione*, 44, 4. Or le § 27, loin de confirmer la négative, en est la réfutation la plus éclatante. Ulpien, en effet, après avoir décidé que l'exception de dol du chef du vendeur n'est pas opposable à l'acheteur, dit qu'il n'en serait pas de même pour le cas où l'acheteur voudrait se prévaloir de la possession de son auteur. Donc, si l'acheteur ne souffre pas du dol de son auteur, ce n'est qu'autant qu'il n'invoque pas les droits de ce dernier. Or le cessionnaire agit toujours au nom du cédant ; donc, dans tous les cas, le dol du cédant lui est opposable par le débiteur cédé. — Quant au § 28 de la même loi, il parle non de la cession d'action, c'est-à-dire d'un droit existant entre deux personnes déterminées, mais de la cession d'un droit d'hérédité qui existe à l'égard de tout le monde ; on ne saurait étendre à la cession de créance ce que la loi dit d'une cession d'hérédité.

Il n'y a donc que les seules exceptions de procédure que le débiteur cédé ne puisse opposer au cessionnaire du chef du cédant.

A l'inverse, le cessionnaire peut opposer au débiteur toutes les répliques compétant au cédant pour repousser les exceptions du débiteur (Molitor, *Traité des obligations*, n° 1229).

c) Peuvent encore être opposées au cessionnaire les exceptions qui proviennent de son fait, ou qui sont nées de conventions intervenues entre lui et le débiteur cédé. Il importe peu que la cause soit antérieure ou postérieure à la dénonciation qui a été faite au débiteur cédé par le cessionnaire : l'exception pourra toujours être opposée au cessionnaire. La règle que nous venons d'énoncer paraît au premier abord contraire aux principes, puisque le cessionnaire agit comme mandataire du cédant ; mais il ne faut pas perdre de vue qu'il est *procurator in rem suam*, qu'il peut recevoir paiement et faire un pacte avec le débiteur. Ainsi nous voyons que le débiteur peut opposer au cessionnaire, par l'exception de dol, toute remise de dette ou transaction par lui faite, à quelque époque que ce soit (L. 4, § 18, *D.*, *De doli mali vel metus*, 44, 4). Il peut de même contester la qualité du cessionnaire et le forcer de donner des preuves du mandat qu'il a reçu en lui opposant les exceptions *quæ spectant ad legitimationem causæ* (Mühlenbruch, *Doctrina*, § 500).

A l'inverse, le cessionnaire peut opposer au débiteur la réplique qui se rattache aux exceptions *ex persona cessionarii* que fait valoir le débiteur.

d) Il nous reste à parler des exceptions qui proviennent *ex persona debitoris* dont la plus importante est le *beneficium competentiæ*.

Ce bénéfice de compétence était une faveur accordée à certaines personnes de ne pouvoir être condamnées à l'exécution d'une obligation que dans la mesure de leurs ressources (L. 37, § 1, *D.*, *De actionibus*, 4, 6). Ce privilége pouvait-il être opposé au cessionnaire d'un créancier vis-à-vis duquel on pouvait le faire valoir?

Ce qui fait le doute c'est, d'une part, que cette exception est fondée presque toujours sur un rapport particulier entre le débiteur et le créancier qui n'existe pas entre le débiteur cédé et le cessionnaire; d'autre part, qu'elle n'affecte pas le droit cédé en lui-même; la créance existe intégralement, la *condemnatio* seule est restreinte par suite de considération personnelle. Nous distinguerons. Si le bénéfice de compétence accordé au débiteur est fondé sur des relations personnelles entre lui et le cédant, il ne pourra être opposé au cessionnaire; si, au contraire, ce bénéfice existe par suite de rapports personnels entre le cessionnaire et le débiteur cédé, ou si le fait sur lequel il est fondé est survenu depuis la cession, le débiteur pourra s'en prévaloir contre le cessionnaire alors qu'il ne l'aurait pas pu contre le créancier originaire (L. 4, *D.*, *De cessione bonorum*, 42, 3; L. 6, *D.*, *De re judicata*, 42, 1; L. 18, *Eodem*; L. 2, pr., *D.*, *Quod cum eo*, 14, 5).

Le débiteur cédé peut-il opposer au cessionnaire les contre-prétentions qu'il pourrait faire valoir contre le cédant? Nous tranchons par la négative cette question fort délicate, arguant de la Loi 34, *D.*, *De procurat.*, 3, 3.

Toutefois si la cession avait été faite dans le but frauduleux de paralyser les contre-prétentions du défendeur, celui-ci est autorisé à faire la preuve de la mauvaise foi, et à faire valoir ses contre-prétentions contre le cessionnaire.

On objecte en vain la Loi 33, *D.*, et la Loi 70, *Eodem.* — Ces lois n'ont pas trait à la question.

CHAPITRE V.

MODIFICATIONS APPORTÉES PAR ANASTASE ET JUSTINIEN A L'EFFET DE LA CESSION.

Nous venons de déterminer les effets de la cession tels qu'ils existèrent longtemps dans le droit romain ; cet état de choses dura jusqu'à Anastase. La Constitution, connue sous le nom de Loi *Per diversas*, vint modifier profondément les effets de la cession. Malgré les restrictions déjà apportées à la cession de créances, il y avait des gens qui, trompant par d'adroites manœuvres créanciers et débiteurs, se faisaient un métier d'acheter à vil prix les créances, et poursuivaient à outrance les débiteurs. Si le cessionnaire n'était pas un homme puissant par sa fortune ou sa position sociale, on ne pouvait le réputer *potentior*, et il échappait à la Constitution de Claude contre les *potentiores* ; si la créance vendue n'était pas, à proprement parler, litigieuse, il était impossible de demander un remède à ces abus aux Constitutions qui prohibaient l'aliénation des droits litigieux. Il y avait là une lacune dans la législation, lacune dont les inconvénients se firent d'autant mieux sentir que la rapacité des acheteurs de créances ne fit que s'accroître avec la décadence du monde romain. Pour empêcher les spéculateurs d'acheter les créances à vil prix, et pour mettre les débiteurs à l'abri des vexations auxquelles pareil trafic les exposait, l'empereur Anastase statua que le cessionnaire ne pourrait, en aucun cas, exiger du débiteur plus qu'il n'avait payé lui-même pour acquérir la

  4

créance, y compris les intérêts du prix (L. 22, *Cod.*, *Mandati*, 4, 35).

Cette loi cependant introduisait des exceptions pour tous les cas où l'idée de spéculation semblait être exclue ; ainsi elle ne s'appliquait point aux cessions faites à titre gratuit, non plus qu'aux cessions à titre onéreux lorsqu'elles avaient pour but la conservation d'un autre droit, la consolidation de la possession, ou enfin entre cohéritiers, colégataires, cofidéicommissaires.

Dans le cas où la loi *Per diversas* souffre application, le débiteur cédé évitera la condamnation en payant au cessionnaire le prix de la cession, y compris les intérêts. L'obligation du débiteur s'éteint donc de plein droit quand il a payé jusqu'à concurrence de cette somme ; quant au cédant, il ne saurait se prévaloir de la disproportion qui existe entre le prix de cession et la valeur réelle de la créance pour réclamer la différence, car il a fait abandon de ses droits en faveur du cessionnaire. On a contesté l'exactitude de cette solution pour la loi *Per diversas*, et on l'a restreinte à l'hypothèse de la loi *Ab Anastasio*, c'est-à-dire au cás où la vente aurait été déguisée sous l'apparence d'une donation totale ou partielle ; mais cette distinction est inadmissible, puisque cette dernière Constitution s'annonce uniquement comme le complément de la première ; elle n'introduit donc aucun principe nouveau. Nous ferons remarquer de plus que si la loi *Per diversas* n'attribue pas textuellement au débiteur sa libération pour le surplus du prix de cession, cela résulte de l'esprit même de la loi qui est écrite en faveur du débiteur.

Quant à la question de savoir si le débiteur qui a obtenu le bénéfice de la Constitution d'Anastase continue à être tenu naturellement, il y a lieu, pensons-nous, de la résoudre affirmativement; ce débiteur se trouve à peu près dans la position du mineur de vingt-cinq ans, qui a opposé à son prêteur l'exception du sénatus-consulte macédonien.

Cette loi, quoiqu'elle eût en vue un résultat louable, celui de protéger le débiteur contre la cession entachée de l'esprit de fraude et de vexation, est une de ces lois qui dépassent leur véritable but, et dont les dispositions trop générales deviennent nuisibles à l'intérêt du créancier et à l'intérêt du commerce en général. Elle rendait impossible le commerce des créances, et par conséquent empêchait la circulation des valeurs. On chercha le moyen de l'éluder, et ce moyen fut l'exception relative à la donation. Le cessionnaire voulait-il agir pour le tout, on scindait l'opération; le cédant vendait la créance pour partie en déclarant donner le surplus soit au cessionnaire, soit à un tiers interposé. La constitution d'Anastase ne s'appliquait point partout où il y avait donation. Justinien voulut remédier à ce fâcheux résultat, et par la *Constitution* 23, *Cod.*, *Mandati*, 4, 35, il assimila ces ventes de créances mélangées de donation à des ventes pures et simples, et leur appliqua la constitution d'Anastase, sans rien innover quant à la donation sincère de la totalité de la créance, ni quant aux exceptions faites par Anastase pour des cas spéciaux. Ces exceptions elles-mêmes ont été plus tard révoquées par une constitution de Justinien, dont le texte ne nous a pas été conservé, mais dont les Basiliques contiennent une analyse en langue grecque, qui figure dans le *Corpus juris* comme L. 24, *Cod.*, *Mandati*, 4, 35. A partir de cette constitution le seul cessionnaire à titre gratuit put poursuivre le débiteur pour la totalité de la créance.

Une question grave et fort controversée que soulève l'application des deux lois *Per Diversas* et *Ab Anastasio* est celle de savoir si la preuve du *quantum* du prix incombe au cessionnaire ou bien au débiteur cédé.

On fait observer que la créance originaire n'étant pas contestée, le débiteur ne fait ici qu'invoquer une libération partielle et doit en conséquence établir les faits sur lesquels elle repose. C'est au débiteur cédé, dit-on, à prouver le bien fondé de l'exception que la loi *Per Diversas* lui accorde. Il nous semble qu'imposer au débiteur cédé la preuve de l'exagération du prix serait presque toujours exiger de lui l'impossible, et rendre ainsi illusoire la faveur qu'on lui accorde. D'ailleurs il est de principe que le demandeur prouve non-seulement le fondement de son droit, mais encore le *quantum* de ce droit. Il incombera donc au cessionnaire de prouver qu'il a qualité d'exiger le paiement entier de la créance dont il poursuit le recouvrement.

DROIT FRANÇAIS.

Bibliographie.

Pothier, *Traité du contrat de constitution de rente ; Traité du bail à rente; Introduction générale aux coutumes.*

Denisart, *Collection* au mot : *Rente.*

Debeaumont, *Jurisprudence des rentes.*

Loyseau, *Traité du déguerpissement.*

Dumoulin, *Tractatus de usurarum quæstione.*

Abraham Fabert, *Coutumes de Lorraine.*

Aubry et Rau, d'après Zachariæ, t. II, §§ 224 à 224 *ter*; t. III, §§ 397 et 398.

Demolombe, *Traité de la distinction des biens*, liv. II, ch. I et III.

Championnière et Rigaud, *Traité des eaux courantes.*

Fœlix et Henrion, *Traité de la rente foncière.*

Marcadé, *Code expliqué*, art. 530 et 2277.

Grenier, *Des hypothèques*, t. I et II.

Dalloz, *Répertoire* au mot : *Rente.*

Merlin, *Questions de droit* au mot : *Rente.*

Locré, *Législation de la France*, t. VIII, art. 529 et 530.

Block, *Dictionnaire de l'administration française.*

DROIT FRANÇAIS.

PREMIÈRE PARTIE.

RENTE CONSTITUÉE.

PRÉLIMINAIRES.

Pothier, dans son *Traité du contrat de constitution de rente*, définit la rente constituée: « un contrat par lequel l'un des contractants vend à l'autre une rente annuelle et perpétuelle dont il se constitue débiteur, pour un prix licite convenu entre eux et qui doit consister dans une somme de deniers qu'il reçoit de lui, sous la faculté de pouvoir racheter la rente lorsqu'il lui plaira, pour le prix qu'il a reçu pour la constitution et sans qu'il puisse y être contraint. »

Ce contrat est réel, car il n'est parfait que lorsque l'acquéreur de la rente (crédi-rentier) en a aliéné le prix; il est unilatéral, car celui qui constitue la rente (débi-rentier) est seul obligé. La constitution de rente se rapproche, on le voit, du contrat de vente, qui comme elle emporte aliénation du capital; et si elle en diffère c'est surtout par les deux caractères que nous venons de signaler: la vente en effet est un contrat consensuel et synallagmatique.

Ajoutons-y une troisième différence, inconnue au temps de Pothier, qui résulte actuellement des art. 1905 et 1909 du Code Napoléon : aux termes desdits articles le capital du prêt à intérêt et celui de la rente peuvent consister en denrées et autres choses mobilières tout aussi bien qu'en argent; or l'on sait que dans la vente le prix est nécessairement une somme d'argent.

Nous nous garderons également d'assimiler la rente constituée au prêt à intérêt, bien que notre Code semble confondre ces deux contrats sous les mêmes dispositions. Dans le prêt à intérêt le créancier peut exiger le capital lors de l'échéance, ce qui n'a jamais lieu dans notre contrat : il y a ici une aliénation du capital faite à perpétuité, et le débi-rentier ne doit que la prestation de la rente.

CHAPITRE PREMIER.

ORIGINE.

La rente constituée (*census constitutivi*) appelée aussi jadis *rente hypothécaire, volante, courante, personnelle* (Collection de Denisart) doit sa naissance aux prohibitions rigoureuses qui avaient frappé le prêt à intérêt. Nous lisons dans l'Exode : « Fœnus execrabile inter peccata in cœlum clamantia, » et dans l'Évangile d'une façon non moins explicite : « Mutuum date nihil inde sperantes[1].» Aussi l'Église et l'État, s'autorisant de cette formelle réprobation, avaient-ils concouru à le prohiber ! Saint Louis, un des premiers, fit publier

[1] Evangile selon saint Luc, IV, 35.

en 1254 une ordonnance qui interdisait le prêt non-seulement aux chrétiens mais même aux juifs.

Il fallait pourtant bien qu'on pût trouver à emprunter l'argent dont on avait besoin sans être obligé d'aliéner des terres, trop souvent à vil prix : emprunt impossible alors que le prêteur, sans faire fructifier ses capitaux, courait la chance de l'insolvabilité du débiteur. On eut donc recours à la rente constituée pour tenir lieu de prêt à l'intérêt ; mais cette substitution d'un contrat nouveau à une convention interdite ne s'opéra point sans difficulté : on ne tarda guère à remarquer l'analogie frappante de la rente annuelle avec les intérêts que paie le débiteur dans le contrat de prêt ; au treizième siècle le théologien Henri-le-Grand soutint contre les légistes que la rente constituée est usuraire. Le pape Martin V, en 1423, résolut la difficulté en déclarant par sa bulle *Regimini* que le contrat de rente est licite : « licitos juri communi conformes, » décision confirmée en 1455 par une autre bulle *Regimini* donnée par Calixte III. Cependant la théologie ne se tint pas pour battue. Une décrétale de Pie V veut que la rente soit constituée sur un héritage d'un revenu égal à la rente ; mais cette restriction ne fut jamais reçue en France, où l'on vit des rentes constituées sans assignat spécial sur un héritage, alors même qu'il y avait assignat. Loyseau enseigne que cette clause n'a d'autre effet que de donner au créancier une hypothèque sur l'héritage, sans donner à la rente un caractère réel et foncier.

Le contrat de constitution de rente fit bientôt fortune en dépit des théologiens. François I[er][1] et Char-

[1] Le premier édit de la création de ces rentes est du mois de septembre 1522 ; il porte création de 16,666 livres, 13 sols, 4 deniers de

les IX créèrent des rentes pour entretenir leurs armées ; les villes, les communautés, les provinces, les hôpitaux, le clergé même suivirent l'exemple venu d'en haut. A quelle époque ferons-nous remonter ce contrat ? Pothier nous dit qu'il était connu en Allemagne et notamment en Silésie au commencement du quinzième siècle ou même au quatorzième siècle, ainsi qu'il paraît à la date des bulles données par les papes, mais que son usage ne devint fréquent en France que vers le seizième siècle. Denisart fixe également la date de la première origine des rentes au quatorzième siècle.

Quelques jurisconsultes ont cru voir dans la Loi 2, au Code, *De debitoribus civitatum*, 11, 33, une véritable rente constituée : mais l'examen de cette loi nous montre qu'il n'est question que d'un prêt à intérêt fait par les villes aux citoyens, prêt dont le capital était exigible d'après la nature même du contrat puisque Constantin recommande de ne point l'exiger tant que les débiteurs paieront bien les intérêts.

C'est peut-être avec plus raison que Dumoulin et Loyseau trouvent dans la Nov. 160 de Justinien un vestige du contrat de constitution de rente pratiqué dès le sixième siècle. Il est dit dans cette Novelle qu'une grosse somme (*magna auri summa*) d'argent ayant été léguée à la ville d'Aphrodise, les officiers municipaux en avaient fait différents placements à charge de pres-

---

rente, au denier douze, à prendre sur la ferme du betail, à pied fourché et sur l'impôt du vin.

Charles IX vendit, par son édit du mois d'octobre 1562, à Messire Guillaume de Marle, alors prévôt des marchands, et aux échevins de la ville de Paris, avec faculté de rachat perpétuel, cent mille livres de rentes au denier douze, afin d'entretenir une armée contre les hérétiques. (Debeaumont, *Jurisprudence des rentes*.)

tation annuelle d'une certaine somme. Ceux qui avaient reçu l'argent pour se dispenser de la prestation annuelle se prévalurent d'une constitution de Justinien[1] ordonnant que, dans les prêts à intérêts, le cours des intérêts serait arrêté aussitôt que la somme des intérêts égalerait le capital. Justinien décide par la Novelle que ladite constitution n'est point applicable à l'espèce proposée où il s'agit non d'intérêt mais d'un revenu annuel : «Præsens vero species illam non attingit; siquidem hoc magis annuo reditui quam usurarum præstationi simile videtur.» Quoi qu'il en soit, il nous semble qu'on ne saurait qu'avec la plus grande réserve s'appuyer sur ce fait isolé pour faire remonter jusqu'au droit romain l'origine de la rente constituée : induction d'autant moins facile à admettre que le prêt à intérêt étant permis à Rome, la nécessité de la rente constituée s'y faisait moins sentir.

CHAPITRE II.

DE LA NATURE DE LA RENTE CONSTITUÉE. — DE LA PRESTATION ET DE LA PRESCRIPTION DES ARRÉRAGES.

Il y a dans une rente constituée deux choses bien distinctes à considérer : 1° le capital, qui est la somme que le créancier de la rente a donnée au débiteur pour le prix de constitution; 2° les arrérages, c'est-à-dire la somme que le débiteur s'est engagé à payer tous les ans jusqu'au remboursement du capital.

Il faut, nous l'avons déjà dit, qu'il y ait paiement réel du capital entre les mains du débiteur de la rente

---

[1] Loi 26, § 1, *D.*, XII, 6, *De condictione indebiti.*

ou de son mandataire. Toute clause par laquelle on conviendrait que la rente commencera à courir avant ce versement du capital serait nulle. Au reste lorsque je suis débiteur de quelques sommes envers l'acquéreur de la rente, la quittance que j'obtiens de mon créancier tient lieu d'un paiement réel pour faire courir les arrérages : il en est de même si je suis débiteur à l'égard d'un tiers ; dans ce cas les arrérages commenceront à courir du jour où le crédi-rentier m'aura procuré la libération de la dette. Selon les principes de notre ancien droit, le prix de la constitution de la rente devait être nécessairement une somme d'argent ; il en est autrement sous l'empire de notre législation actuelle, où la rente peut être constituée moyennant l'aliénation d'un capital mobilier, peu importe la nature de ce capital, peu importe qu'il consiste en argent ou en denrées. Cette solution résulte pour nous très-clairement de la combinaison des art. 1905 et 1909. L'art. 1909 nous dit en effet qu'on peut stipuler un intérêt moyennant un capital que le prêteur s'interdit d'exiger, sans spécifier en quoi doit consister ce capital ; or l'art. 1905 à propos du prêt à intérêt nous parle d'un capital en argent, en denrées, ou autres choses mobilières ; ne sommes-nous point autorisé à conclure qu'il s'agit également d'un capital en denrées ou autres choses mobilières dans le cas prévu par l'art. 1909 ?

Il est contre l'essence du contrat de rente que le débiteur de la rente s'oblige au remboursement du capital, autrement il y aurait là non plus une rente constituée, mais un véritable prêt à intérêt, qui n'eût point échappé jadis à la rigueur des lois. Relativement à ce capital il existe bien une créance au profit du crédi-rentier, mais en ce sens seulement qu'il pourra, jusqu'au remboursement de ce capital, facultatif de la part du débiteur, exiger des arrérages sans diminuer en rien ce capital. Le crédi-rentier est perpétuellement exclu de la faculté d'exiger ce rachat.

C'est ce qu'on exprime en disant que la créance du capital est *magis in facultate luitionis et solutionis quam in obligatione*. Dumoulin disait dans le même sens que le débiteur de la rente est débiteur du capital : *non quidem formaliter et distincte, sed effective et conditionaliter*. Remarquons néanmoins qu'aux termes des art. 1912 et 1913 du Code Napoléon, le débiteur peut être contraint de rembourser le capital s'il a cessé de payer les arrérages pendant deux années consécutives, s'il manque à fournir les sûretés promises, ou s'il tombe en faillite ; mais ce sont là des cas tout à fait exceptionnels qui n'infirment en rien notre principe de la non-exigibilité du capital. Quant aux arrérages, ils sont *in obligatione*. Toutefois, ainsi que nous venons de le dire, le débi-rentier pourra toujours s'affranchir de cette prestation pour l'avenir en remboursant le capital, et c'est pourquoi nous disons avec Dumoulin et Pothier que les seuls arrérages déjà courus constituent une obligation pure et simple ; que quant aux arrérages du temps à venir, l'obligation est plutôt conditionnelle et résoluble, parce que le débiteur peut toujours s'affranchir de cette prestation en restituant le capital : *in obligatione pura et præcisa sed conditionali et resolubili, nisi malit debitor sortem reddere.*

Les arrérages commencent à courir du jour de la constitution et s'acquièrent jour par jour conformément aux art. 584 et 586 du Code Napoléon. Néanmoins le

créancier ne peut exiger les arrérages de l'année courante avant qu'elle soit complétement révolue, à moins
que les parties n'aient fait choix d'un autre terme; ils peuvent tout comme le capital consister en argent, en denrées ou autres choses mobilières. Sous l'empire d'un édit rendu par Charles IX, au mois de novembre 1565, on ne pouvait constituer à prix d'argent que des rentes d'un somme d'argent. Cet édit rendu dans le but de prévenir l'usure indirecte a été implicitement abrogé par la loi du 11 avril 1793, qui proclama la liberté des taux de l'intérêt, et par le silence de notre Code, qui n'a point reproduit la défense prononcée par cet ancien édit.

Pothier nous enseigne que les arrérages n'étant que l'accessoire du capital, et comme une sorte d'intérêts produits par ce capital, ne sauraient eux-mêmes produire des intérêts alors que le débiteur a été mis en demeure de payer : *Ne usurae usurarum exigantur.* Dans le même sens une ordonnance de 1659, rendue par Louis XIV, prohibe l'anatocisme.

Nous ne saurions aujourd'hui admettre cette doctrine.

Les arrérages des rentes, en effet, peuvent être capitalisés et rendus productifs d'intérêts dès qu'ils sont échus et quoiqu'ils soient dus pour moins d'une année (art. 1155), à la différence des intérêts d'un capital ordinaire, qui ne peuvent être capitalisés et devenir, à leur tour, productifs d'intérêt qu'autant qu'ils sont échus et dus pour un an (art. 1154). Un point sur lequel notre législation actuelle a encore abandonné les anciens errements, pour suivre plus fidèlement les vrais principes de la logique, est relatif à la nature dès rentes. La chose due dans une rente constituée étant une somme d'argent, et l'argent étant meuble, il est bien clair que la rente constituée doit être réputée créance mobilière.

C'est ce que pensaient, il est vrai, quelques coutumes, parmi lesquelles nous citerons celles de Blois, de Reims, de Troyes et notamment la coutume de Lorraine en ces termes : « Toutes autres rentes constituées à prix d'argent, communément dites *volantes*, soit par contrat d'emption ou vendition d'immeubles, à rachat, gagière, ou constitution de rente expresse, ou hypothèque aussi à rachat, sont réputées meubles tant et si longuement que la faculté de rachat dure » (art. 12, tit. XVI. Remarques d'Abraham Fabert, maître-échevin de Metz.) Mais les coutumes de Paris et d'Orléans, qui formaient le droit commun (art. 94), et avec elles, le plus grand nombre des coutumes rangeaient la rente constituée dans la classe des immeubles. On alla même jusqu'à faire un immeuble de la rente viagère [1]. Il parut sans doute que rien n'était plus semblable à un véritable immeuble, nous voulons dire à un héritage produisant tous les ans des revenus tout en demeurant intact, que le capital de la rente qui donne naissance à des arrérages annuels, sans subir aucune diminution ni altération.

L'opinion qui donnait à la rente constituée un caractère immobilier fut également embrassée par les canonistes, sans doute à cause de l'assignat qui devait accompagner la constitution de rente. Quoi qu'il en soit, la question est aujourd'hui tranchée par l'art. 529 de notre Code, qui voit dans la rente constituée une

[1] Pothier, *Introduction générale aux coutumes.*

simple créance mobilière, dont les règles, sauf quelques-unes qui lui sont propres, se trouvent aû titre *des obligations*. Nous dirons donc que la rente peut être constituée à tire onéreux ou à titre gratuit, et dans ce cas il faudra observer les règles de ces divers modes de disposition.

Admettrons-nous, avec Pothier, que celui à qui les arrérages auront été payés pendant trente ans acquiert par prescription la propriété de la rente? Évidemment non. La rente constituée est chez nous une créance mobilière, et il n'existe dans notre Code aucune disposition concernant la prescription acquisitive des créances.

Ajoutons que la rente emportant aliénation du capital, il faut pouvoir aliéner pour constituer une rente; si donc je vous ai remis comme capital une chose qui ne m'appartient pas, la propriété n'a pu vous en être transférée, et la rente n'a pas pris naissance, à moins que la chose objet de la remise ne soit une somme d'argent ou autre chose qui se consomme par l'usage et qui dans le fait aura été consommée (art. 1238). « Quia tantumdem præstat bonæ fidei consumptio ei qui nummos accepit quam præstitisset dominii translatio.» Le tuteur est autorisé à faire seul, sans autorisation et sans formalités spéciales, emploi des deniers pupillaires disponibles entre ses mains; le mineur sera toujours recevable à faire rescinder une constitution de rente qui contiendra lésion à son préjudice (art. 1305).

Nous arrivons à la prescription des arrérages des rentes. Dans le dernier état du droit romain, la Loi 27 au Code, *De usuris*, défendit aux créanciers de demander jamais plus de vingt années d'intérêts. Mais cette prescription, toute longue qu'elle fut, ne fut point acceptée dans notre ancien droit français, où l'on vit l'accumulation des intérêts produits par la négligence du créancier, conduire le débiteur à une ruine certaine. Sous Louis XII, les idées justes et généreuses du ministre George d'Amboise se firent jour dans un édit (ordonn., juin 1510, art. 71), qui veut que, si le créancier laisse accumuler plus de cinq années d'arrérages, il ne puisse exiger que les cinq dernières; il y a prescription acquise au débiteur pour le surplus. Il est dit dans cet édit : «Qu'il arrivait souvent que les créanciers de ces rentes après avoir laissé s'accumuler beaucoup d'arrérages qui excédaient le capital, faisaient vendre, pour en avoir paiement, les biens de leurs débiteurs qu'ils réduisaient à la mendicité.» C'est cette prescription *quinquennale* que notre art. 2277 a maintenue en l'étendant aux arrérages des rentes foncières et viagères, aux loyers des maisons et fermages des biens ruraux, aux intérêts des sommes prêtées [2].

CHAPITRE III.

TAUX.

Le taux de la rente constituée sur les particuliers a subi de nombreuses variations.

Avant Charles IX, on pouvait stipuler une rente sur

---

[1] Nous trouvons de même, dans nos coutumes de Lorraine, une prescription très-courte à l'égard des rentes constituées (art. 8) : «Rente constituée en deniers non acquittée de plusieurs années ne se paiera dorénavant que de trois années seulement, s'il n'est constaté qu'elle ait été demandée ou par acte pris du refus ou autrement dûment.»

P.

le pied du denier 10, c'est-à-dire qu'on pouvait acquérir 1 fr. de rente pour 10 fr. de capital. Un édit de 1567 réduisit ce taux de la rente au denier 12. Henri IV, en 1601, l'abaissa au denier 16.

Louis XIII et Louis XIV, en 1634 et 1665, l'abaissèrent successivement au denier 18, puis au denier 20 (5 p. 100). Sous le règne de Louis XV, nouvelle réduction du taux, qui fut fixé au denier 50, par un édit du mois de mars 1720, lequel édit ne se soutint guère, ayant été abrogé par un édit de 1725, qui releva le taux au denier 20. Nous pourrions citer encore deux édits, l'un de 1766, l'autre de 1770; mais, en résumé, malgré de trop nombreuses variations, on peut, à partir du règne de Louis XIV, considérer le denier 20 comme le taux légal de la France.

Telle était la limitation du taux de l'intérêt dans notre ancien droit; le droit intermédiaire rompit avec toutes ces traditions; un décret de l'assemblée nationale, du 12 octobre 1789, laissa aux parties le soin de déterminer elles-mêmes le taux de l'intérêt en matière de commerce, et maintînt seulement le taux du denier 20 en matière civile; c'était là un premier acheminement vers le régime de liberté. La loi du 11 avril 1793 fut plus radicale. Elle donna pleine liberté aux parties de fixer elles-mêmes le taux de l'intérêt quel que fût le caractère de la convention, qu'il fût civil ou commercial. Nous n'avons point à apprécier ici le mérite de cette loi; une pareille discussion excéderait le cadre du sujet juridique que nous nous sommes donné; bornons-nous à observer à ce propos que la valeur de l'argent variant ainsi que celle de tout autre objet dans le commerce suivant la proportion de l'offre et de la demande, on ne voit pas théoriquement pourquoi il est nécessaire de réglementer la valeur de l'intérêt ou loyer de l'argent. Montesquieu avait déjà fait observer que le prêteur s'indemnise presque toujours du péril de la contravention, et qu'ainsi les lois sur l'usure produisaient un effet directement contraire au but, qu'elles se proposaient (*Esp. des lois*, liv. XXII, chap. XIX).

Disons-le pourtant, en pratique cette liberté donna lieu à de graves abus. Aussi les rédacteurs du Code Napoléon songèrent-ils à mettre un frein à la cupidité des usuriers, et ce frein ils crurent le trouver dans la nécessité imposée au prêteur de constater par écrit les intérêts qu'il stipulait, écrit qui devenait ainsi pour lui un titre de déshonneur si ces intérêts étaient excessifs.

La liberté dans le taux continuait cependant à subsister ; mais l'art. 1907 contenait comme l'annonce d'une loi nouvelle. Ce fut la loi du 3 septembre 1807, applicable également à la rente constituée et au prêt à intérêt. Aux termes de cette loi l'intérêt en matière civile ne peut excéder 5 p. 100 et en matière de commerce 6 p. 100, peu importe que cet intérêt consiste en argent ou en denrées[1]. Cette loi s'applique-t-elle également lorsque le capital du prêt consiste en denrées ? La plupart des auteurs admettent la négative se fondant sur la discussion qui eut lieu lors de la rédaction de la loi, et sur l'intitulé même : *Loi sur le taux de l'intérêt de*

---

[1] Une rente ayant pour origine des marchandises fournies, ou une opération de commerce pourrait-elle être constituée sur le pied de 6 p. 0/0 ? Non ; la constitution de rente n'est pas un acte de commerce, et d'ailleurs le contrat de rente opère une novation dans la première obligation ; la cause de la créance n'est plus la même.

l'argent. Il nous semble pourtant que la solution contraire pourrait se justifier par cette considération que la position du débiteur est tout aussi digne d'intérêt dans le prêt fait en denrées que dans le prêt fait en argent, et qu'au surplus les art. 1905 et 1907 ne distinguant pas non plus que le texte même de notre loi, il ne nous appartient pas de distinguer.

Ce n'est qu'en faveur du débiteur seul que la loi a limité le taux de l'intérêt ; si donc le créancier ne peut jamais stipuler une rente plus élevée que celle que doit produire le capital aliéné d'après le terme de la loi, rien n'empêche le débiteur d'acquérir une rente à un taux inférieur au taux légal.

Par exemple, on pourra acquérir 1 fr. de rente pour 25 fr., pour 30 fr., pour quelque somme que ce soit depuis 20 fr. de capital et au delà, sans que l'acquéreur puisse se faire restituer pour cause de lésion. Dans le cas où la rente a été ainsi constituée pour un capital qui pourrait produire une rente beaucoup plus élevée que celle qui est convenue, les juges pourront déclarer qu'il y a là en fait une véritable donation.

Lorsque la rente est constituée au taux légal, on ne peut stipuler du constituant rien de plus que la rente directement ou indirectement, car ce serait excéder le taux légal. Ainsi la clause par laquelle le créancier stipulerait qu'outre la rente constituée à 5 p. 100 il aurait la jouissance gratuite d'un certain héritage du débiteur, serait usuraire. Ainsi encore il y aurait usure si le débiteur s'engageait à payer d'avance les arrérages d'une rente constituée au taux légal. Pothier nous parle d'une autre clause aujourd'hui sans actualité ; c'est la clause dérogeant à la faculté qu'avait le débiteur de faire déduction sur les arrérages des impositions exigées par le roi. En règle générale les impositions étaient payées par celui qui avait le profit de la rente, c'est-à-dire par le créancier. On voit donc que la clause était usuraire toutes les fois que le montant de la rente réuni au montant des arrérages, mis à la charge du débiteur, excédait le taux légal. Nous avons vu qu'on peut constituer une rente avec assignat spécial sur un héritage sans que cet assignat produise d'autre effet que de donner au créancier une hypothèque spéciale sur l'héritage. Que décider si le crédi-rentier stipule quelque chose du débiteur pour décharge de cette hypothèque sans diminuer en rien les arrérages? Pothier qui pose la [question, la résout par une distinction :

1° Le capital placé produit tout ce qu'il peut produire suivant le taux légal.

Alors le créancier ne pourra rien exiger pour la libération qu'il accorde et le débiteur, pourra répéter la somme qu'il a donnée, à charge néanmoins de rétablir l'hypothèque sur l'héritage, s'il est encore en sa possession. S'il n'a plus cet héritage, ou s'il ne lui est plus possible de rétablir l'hypothèque dans les conditions où elle se trouvait précédemment, il faut compenser la somme que le débi-rentier a donné en exécution de ce contrat illégal, avec les arrérages échus ou à échoir jusqu'à due concurrence, et si lors du rachat de la rente il n'est pas échu suffisamment d'arrérages pour la compensation entière de la somme, le créancier sera tenu de faire déduction de la différence sur le capital.

En permettant au créancier de conserver la somme

qu'il a reçue, Pothier, on le voit, autorise un paiement anticipé des arrérages, clause illicite toutes les fois où, comme dans notre hypothèse, le capital produit tout ce qu'il peut produire ; il nous semblerait plus rationnel d'obliger le créancier à restituer ce qu'il a reçu en vertu d'une convention illicite, ou de lui faire subir une réduction sur le capital de la rente conformément à la loi du 3 septembre 1807. Il est bien vrai que le créancier aura ainsi perdu son hypothèque sans compensation aucune, mais c'est là une juste peine dont il sera frappé pour avoir voulu dépasser les limites du taux de l'intérêt.

2° La rente est au-dessous du taux légal.

Dans ce cas le créancier conservera la somme qu'il a reçue, mais diminuera d'autant le capital, tout en continuant d'exiger la rente sur le même pied qu'auparavant, si toutefois ce qui reste du capital, déduction ainsi faite de la somme déjà reçue, pour la décharge de l'hypothèque, suffit pour produire la rente convenue lors de la constitution; car ce n'est qu'en considération de l'hypothèque que le créancier avait bien voulu se contenter d'une rente au-dessous du taux légal.

Nous venons de voir les conséquences du principe posé à savoir : qu'on ne peut indirectement dépasser le taux légal ; mais il ne faudrait pas pousser trop loin ces conséquences. Ainsi stipuler que la rente sera portable, contrairement à l'art. 1247, n'est nullement une clause usuraire.

La raison en est que l'avantage procuré par cette clause au créancier n'est pas directement produit par le capital, qui en définitive ne rapporte au créancier que ce qu'il peut légalement rapporter. De même, si deux personnes s'engagent solidairement au paiement de la rente, de telle façon que l'une d'elles doive supporter la totalité de la rente, quoique n'ayant reçu qu'une fraction du capital, il n'y a pas usure. En effet, la seule question que nous ayons à examiner est celle de savoir si telle rente a bien pour base tel capital, et si tel capital peut légalement produire cette rente ; peu nous importe ce que chacun des débiteurs, qui a vendu la rente, a reçu du capital. La solidarité que le créancier a stipulée lui procure une plus grande sûreté, mais n'augmente en rien la somme de la rente qu'il a pu acquérir légalement pour le capital aliéné.

A quelle époque faut-il se placer pour apprécier la légitimité du taux de la rente ? Pothier décide que la loi en vigueur au moment du contrat de constitution de rente devra être seule consultée à cet égard ; si donc une rente a été constituée à raison de 8 p. 100 avant la loi du 3 septembre 1807, les arrérages de cette rente qui auront couru depuis cette loi, et qui courront désormais jusqu'au rachat, ne laisseront pas d'être dus sur le pied convenu lors de la constitution. Nous n'hésiterons point à adopter la solution donnée par Pothier, qui nous semble en tous points conforme à l'esprit de l'art. 2 du Code Napoléon. Ne serait-ce pas, en effet, porter atteinte à un droit acquis que de changer un taux fixé par une convention et sur lequel le crédi-rentier avait un juste sujet de compter ? Concluons qu'il suffit qu'on se soit conformé à la loi en vigueur au moment où le contrat a été passé, et qu'aucune loi postérieure ne saurait rétroagir, à moins de disposition contraire expresse. Tout autre serait notre décision s'il s'agissait non plus des arrérages d'une rente, mais des intérêts d'une somme exigible dus en vertu d'une condamnation par un débiteur mis en demeure de payer. Ces intérêts n'étant autre chose que le dédommagement dû au créancier pour le retard que le débiteur a mis à payer, doivent être dus suivant les différents taux en vigueur pendant ce retard.

Supposons que postérieurement à la mise en demeure du débiteur une loi nouvelle abaisse ou élève le taux de l'intérêt, les intérêts échus avant cette loi nouvelle sont définitivement acquis au créancier sur le pied de l'ancien taux; mais les intérêts à échoir seront dorénavant réglés par la nouvelle loi.

Remarquons, au surplus, que même dans un contrat de constitution de rente il serait licite aux parties de convenir que si une nouvelle loi venait à élever le taux de l'intérêt, ce nouveau taux serait dû à dater de la promulgation de la loi nouvelle. Pothier regarde une semblable convention comme une violation évidente de la loi qui limite le taux de l'intérêt, et il en donne pour raison que dans le contrat de vente et par conséquent dans le contrat de constitution de rente, le prix de la chose vendue doit se régler eu égard à ce que vaut la chose au temps du contrat, et non pas eu égard à la valeur future qu'elle pourra avoir par la suite. Nous ne saurions aujourd'hui admettre cette raison comme valable; l'on peut très-bien vendre une chose sans en fixer immédiatement le prix, pourvu qu'il soit possible d'obtenir plus tard cette fixation; ainsi je puis vendre une ferme pour le prix qu'elle sera estimée valoir; je puis la vendre pour un certain prix, à condition que si elle vient à augmenter de valeur dans un temps donné, l'acheteur paiera un supplément de prix.

Il nous reste à examiner de quelle sanction la loi a assuré l'observation de ces règles sur le taux de l'intérêt. Cette sanction se trouve dans la loi du 3 septembre 1807, complétée et renforcée par la loi des 1er juillet et 25 décembre 1850. Aux termes de la première de cés lois, le prêteur doit, en cas de perception supérieure aux taux licite, être condamné à restituer l'excédant ou à souffrir la déduction sur le capital de sa créance s'il ne veut ou ne peut restituer cet excédant (art. 3): « Les perceptions excessives seront imputées de plein droit sur les intérêts légaux échus et subsidiairement sur le capital de la créance. Si la créance est éteinte en capital et intérêts, le prêteur sera condamné à la restitution des sommes indûment perçues avec intérêt du jour où elles lui auront été payées » (art. 1 de la loi de 1850). « L'auteur du délit d'usure pourra en outre être renvoyé devant un tribunal correctionnel; s'il est convaincu de se livrer habituellement à l'usure, il sera condamné à une amende qui pourra s'élever à la moitié des capitaux prêtés et à un emprisonnement de six jours à six mois. » Ainsi la nécessité de l'habitude de l'usure pour constituer le délit a été maintenue, malgré la proposition contraire, lors de la délibération de la loi de 1850 dans l'Assemblée législative, mais cette habitude n'est plus exigée pour constituer la récidive, laquelle résultera d'un seul fait nouveau survenu dans les cinq ans de la première condamnation (art. 3 de la loi de 1850).

Dans ce cas de récidive le coupable sera condamné au maximum des peines que nous venons de faire con-

naître, et elles pourront être élevées jusqu'au double.
Sans préjudice des cas généraux de récidive prévus par
les art. 57 et 58 du Code pénal.

CHAPITRE IV.

DE L'ALIÉNATION DU CAPITAL.

Il est contre l'essence du contrat de constitution de
rente que le débiteur de la rente s'oblige envers le créancier à la racheter; du temps de Pothier, où le prêt à
intérêt était défendu, si une clause avait été insérée
dans le contrat de constitution de rente, par laquelle le
crédi-rentier se réservait le droit de se faire rembourser
le capital, le contrat de constitution de rente était déclaré nul. Sous notre législation actuelle le prêt à intérêt étant licite, il ne faudrait voir là qu'un contrat de
prêt à intérêt [1]. Pothier néanmoins enseignait déjà que
le débiteur pouvait être contraint au remboursement,
lorsqu'il manquait d'accomplir quelque condition du
contrat sans laquelle le créancier ne lui aurait pas
donné son argent : ainsi lorsqu'il a promis de faire
emploi des deniers qui lui ont été donnés, et qu'il ne
l'a pas fait; ou lorsqu'il a hypothéqué à la rente un héritage qu'il a assuré être franc de toute autre hypo-

[1] La circonstance qu'un prêt à intérêt a été stipulé remboursable
à la volonté du débiteur ne constitue pas un contrat de rente perpétuelle, et le débiteur est soumis au remboursement après un certain
temps. N'est-il pas vrai de dire, en effet, que si, dans notre hypothèse, le créancier s'est interdit de demander le remboursement à
son débiteur, il ne s'est pas imposé la même loi vis-à-vis des héritiers de celui-ci? S'il en est ainsi, on ne trouve pas, dans une telle
convention, le caractère d'inexigibilité essentiel dans le contrat de
constitution de rente.

thèque, et que la déclaration qu'il a faite se trouve être fausse.

Notre Code énumère les cas où. le remboursement peut être exigé : Art. 1912 et 1913. C'est : 1º Lorsque le débiteur cesse de remplir ses obligations pendant deux années (art. 1912 *in principio*). On s'accorde à penser qu'il n'est point nécessaire que le débiteur soit resté deux années sans payer d'arrérages à compter de l'échéance de la première année ; il suffit qu'il ait cessé de remplir ses obligations pendant deux années consécutives.

2º Lorsqu'il manque à fournir les sûretés promises par le contrat (art. 1912 *in fine*) ou lorsqu'il détruit les sûretes qu'il a données (art. 1188). Celui-là en effet n'est pas plus digne d'égards qui détruit les sûretés qu'il a données, que celui qui manque à fournir les sûretés promises, ou ne peut payer les arrérages.

Si les sûretés données par le débiteur diminuent par un cas purement fortuit, il doit être admis à les compléter, ou à en fournir de nouvelles ; il ne peut être contraint au remboursememt qu'autant qu'il néglige de le faire (art. 2131 , arg. d'analogie).

La résolution a-t-elle lieu de plein droit par le seul effet du défaut de paiement des arrérages? Faut-il, au contraire, ne voir ici qu'une condition résolutoire tacite, n'opérant pas de plein droit (art. 1184)? L'intérêt de la question est grand. Au premier cas, le juge qui constate le défaut de paiement des arrérages n'a pas la faculté de ne pas prononcer la résolution. Sans doute il peut accorder un délai pour restituer le capital (art. 1244) ; mais dès qu'il reconnaît que le débiteur est en retard de deux années, il doit ordonner le remboursement de ce capital sans pouvoir accorder un délai pour le remboursement des arrérages.

Au second cas le juge peut ne pas prononcer la résolution, et accorder un délai au débiteur pour le paiement des arrérages, en sorte que la résolution n'aura pas lieu si le débiteur paie les arrérages dans le délai accordé. — Selon nous, il ne s'agit point ici d'une résolution fondée sur l'art. 1184, qui est spécial aux contrats synallagmatiques, mais bien d'une déchéance pour le débiteur, déchéance que la loi elle-même prononce.

N'est-il point certain que les art. 1912 et 1913 ne donnent point au juge le pouvoir d'accorder un délai pour le paiement des arrérages? Mais nous irons plus loin. A la différence de la condition résolutoire ordinaire, du pacte commissoire exprès, nous dirons que le droit au remboursement est acquis au créancier par le seul fait du défaut de paiement des arrérages, sans qu'il soit besoin que le débiteur soit constitué en demeure par une sommation ou tout autre acte équivalent (art. 1139). Cette solution se justifie par la considération, qu'il s'agit moins de prononcer la résolution du contrat de constitution, que de relever le créancier de la renonciation conditionnelle, par lui faite, à la faculté d'exiger son remboursement (Aubry et Rau).

Jusqu'ici nous avons supposé la rente portable : le débiteur devait la porter au domicile du créancier, il ne l'a pas fait, dès lors il a encouru la résolution. Que dirons-nous si la rente est quérable, c'est-à-dire payable au domicile du débiteur? Il nous semble que le créancier ne peut exiger le remboursement du capital qu'autant qu'il justifie d'une manière régulière qu'il s'est présenté à ce domicile pour recevoir les arrérages ; autrement le débiteur pourrait dire : « Pourquoi ne vous êtes-vous pas présenté, j'étais prêt à payer. ».

3° Le créancier peut encore exiger le remboursement quand le débiteur tombe en faillite où en déconfiture (art. 1913). Cet article ne présente aucune difficulté.

Ces différentes règles s'appliquent-elles aux rentes constituées à titre gratuit, comme aux rentes constituées à raison d'un prêt? Dirons-nous, par exemple, que celui qui par donation s'est constitué débiteur d'une rente, sera tenu au remboursement s'il est resté deux années sans payer les arrérages? — Certains auteurs ont vu dans ce remboursement quelque chose d'odieux. Pour nous, l'affirmation n'est pas douteuse ; elle nous paraît résulter clairement du principe de l'irrévocabilité des donations consacré par l'art. 894.

Dans notre hypothèse, l'objet de la donation est une rente constituée, qui se compose d'arrérages payables à certaines époques, et d'un capital producteur de ces arrérages ; capital et arrérages sont compris dans la donation ; si donc le débiteur donateur manque à l'obligation de payer ces arrérages, le créancier donataire doit avoir le moyen de le contraindre à exécuter l'obligation qui résulte contre lui du contrat de donation ; ce moyen, c'est le remboursement du capital qu'il l'obligera à effectuer ; toute autre solution serait contraire à la maxime : « Donner et retenir ne vaut. »

Au reste, le débiteur de la rente peut s'obliger à donner au créancier certaines garanties dans un temps déterminé, sous peine de restitution du capital.

Une pareille convention n'a rien d'illicite. Pothier

enseigne qu'on peut bien stipuler valablement que le débiteur donnera caution dans un certain temps, à peine de restitution du capital, faute de la donner; mais, ajoute-t-il, on ne peut valablement convenir que si la rente n'est pas rachetée au bout d'un certain temps, le débiteur sera tenu de donner caution. En effet, dans le premier cas, celui qui a donné les deniers, ne les ayant aliénés que sous la condition qu'il serait fourni caution, le constituant n'a pas été en droit de disposer de ces deniers s'il n'avait une caution qu'il pût donner au créancier; faute de la donner, le débiteur est contraignable à la restitution des deniers. Mais une fois le contrat de constitution consommé, le créancier ne peut plus obliger le débiteur au remboursement, ni directement ni indirectement, en exigeant de lui quelque chose qui n'est pas entièrement en son pouvoir. Aujourd'hui cette dernière convention serait valable, mais son effet serait conditionnel. Si le rachat a eu lieu, il y aura eu prêt; sinon, il y aura constitution de rente, et le débiteur fournira caution.

La clause de faire emploi était aussi très-usitée dans l'ancien droit.

Par cette clause le constituant s'engageait à employer la somme reçue à l'acquisition d'un certain héritage, ou au paiement d'une certaine dette à l'effet de faire subroger le créancier de la rente aux priviléges et hypothèques du vendeur ou du créancier. On devra aujourd'hui appliquer l'art. 1250. Deux hypothèses se présentent: ou bien le capital a été versé dans les mains d'un tiers jusqu'à l'emploi, et dans ce cas la rente ne pourra avoir d'existence que du jour où l'emploi du capital aura été fait conformément à la convention. Ou bien l'argent a été délivré immédiatement au constituant sous la condition qu'il fera l'emploi ; cette condition n'est point alors une condition suspensive qui arrête la translation de la propriété des deniers, c'est une simple condition résolutoire qui n'a d'autre effet que de donner au créancier le droit de répéter les deniers si elle n'est pas accomplie.

CHAPITRE V.

MODES D'EXTINCTION DE LA RENTE CONSTITUÉE.
DU RACHAT.

La rente constituée peut comme toute autre dette s'éteindre : 1° Par la remise que le créancier de la rente fait au débiteur (art. 1282). 2° Par la novation (art. 1271). 3° Par la confusion (art. 1300). 4° Par la prescription de trente ans (art. 2272). 5° Par la compensation lorsqu'elle est invoquée par le débiteur ; le créancier ne pouvant jamais contraindre le débiteur à restituer le capital. Nous n'avons rien de spécial à dire sur ces différents modes d'extinction, qui sont communs à toutes les obligations. Observons seulement que la perte même totale de l'héritage sur lequel la rente est constituée avec assignat n'éteint point la rente constituée par la raison que la rente n'est jamais un droit foncier, alors même qu'il y a assignat, mais une simple créance personnelle. Un seul parmi les divers modes d'extinction de la rente présente pour nous un grand intérêt ; c'est le rachat ou remboursement de la rente.

Dès l'origine, il a été de l'essence de la rente constituée que le débiteur conservât toujours la faculté de la racheter, en rendant au créancier le capital, prix de la constitution. Toutes les clauses qui tendaient à gêner, **en** quelque manière que ce soit, la faculté de rachat, étaient nulles; au contraire, celles qui tendaient à la faciliter étaient valables. Lorsqu'il y avait doute sur la nature d'une rente, on la présumait rente constituée, parce que, disait-on, la rente constituée est la moins onéreuse au débiteur, à cause de la faculté de rachat à perpétuité qu'elle renferme. Telle était dans notre ancien droit la faveur accordée à la faculté du rachat.

Aujourd'hui l'art. 1911, qui pose la règle du rachat dans son premier aliéna, lui apporte *in fine* un tempérament important. Les parties peuvent très-bien convenir que le rachat ne pourra se faire avant un délai de dix ans; si le délai stipulé excède dix années, la clause n'est point entièrement nulle, mais le terme est réduit au terme légal (*Arg. d'analogie*, art. 1660). On peut aussi convenir que le rachat ne pourra être exercé par le débiteur sans qu'il ait averti le créancier au terme d'avance que les parties détermineront. On comprend bien qu'il eût été dur pour le crédi-rentier, qui a compté faire un placement utile et d'une certaine durée, d'être forcé de recevoir un capital dont il ne sait que faire. C'est donc avec toute justice, selon nous, que la loi a permis ces restrictions à la faculté jadis absolue du rachat; mais pourquoi prohiber la clause que la rente ne sera pas rachetable pour un temps au delà de dix ans? N'est-il pas vrai que dans le contrat de prêt les parties peuvent légalement convenir que le remboursement ne se fera pas avant vingt ans, trente ans? Sous ce rapport le Code a été, nous le croyons, trop fidèle aux traditions de l'ancien droit.

A l'exception des clauses dont nous venons de parler, on devra actuellement, comme au temps de Pothier, regarder comme nulles toutes clauses ayant pour résultat de restreindre la faculté de rachat. Ainsi le débiteur ne pourrait verbalement s'engager à payer un prix de rachat plus élevé que celui de la constitution ; il ne pourrait de même s'engager à payer les arrérages de toute l'année courante pour le cas où l'année ne serait pas complétement révolue, au temps du rachat. Sera valable, au contraire, toute clause tendant à favoriser le rachat. Ainsi ce sera une clause valable que celle par laquelle il sera dit que le rachat de la rente pourra se faire entre les mains d'une certaine personne, qu'il pourra se faire en un certain nombre de paiements.

Si une clause portait d'une façon indéterminée que le rachat pourra se faire en plusieurs paiements, que devra-t-on décider quant au nombre de ces paiements ? Pothier pense que le rachat ne pourra se faire qu'en deux paiements égaux, parce que, dit-il, c'était au débiteur à s'expliquer dans une clause qui est tout dans son intérêt (*Ambiguitas contra stipulatorem est quia potuit apertius legem dicere; L. 26, D., De rebus dubiis*, 34, 5; *L. 39, D., De pactis*); dans le doute, la clause s'interprétera contre le débiteur. Nous croyons que cette question doit être laissée à l'appréciation des tribunaux. La clause par laquelle on conviendrait que le rachat de la rente ne pourra se faire que dans une espèce de monnaie pareille à la monnaie payée lors de la constitution, aura également son plein effet.

Le rachat est un véritable paiement.

Nous lui appliquerons en conséquence l'art. 1236.

Cet article, après avoir disposé qu'une obligation

6

pourra être acquittée par une personne intéressée, ajoute qu'elle peut l'être également par un tiers non intéressé à l'extinction de cette obligation, que ce tiers agisse soit au nom du débiteur soit en son propre nom. Le tiers a-t-il un intérêt à l'extinction de l'obligation, il est de plein droit subrogé aux droits du créancier dans un paiement ordinaire, aux droits du crédi-rentier dans notre hypothèse spéciale (art. 1251). Au contraire, le tiers n'a-t-il aucun intérêt à l'extinction de l'obligation, il éteint la dette, il est vrai, mais ne peut jamais exiger que le créancier le subroge à ses droits et actions.

Quelles personnes peuvent être considérées comme intéressées au rachat de la rente? Ces personnes seront un coobligé, une caution, un tiers détenteur d'un immeuble hypothéqué comme garantie de la rente, un créancier hypothécaire du débiteur de la rente. On voit qu'il n'est pas nécessaire d'être tenu de la rente pour avoir le droit d'obliger le créancier à souffrir le rachat, il suffit au créancier hypothécaire d'être intéressé à la subrogation de l'hypothèque du crédi-rentier (*ut confirmet pignus suum*). On sait que l'art. 1251 accorde expressément la subrogation légale au créancier hypothécaire qui paie un créancier dont la position est préférable à la sienne, à raison de ses priviléges et hypothèques.

Le rachat, pour être valable, doit être fait au créancier ou à son fondé de pouvoirs. Il faut que le créancier qui accepte soit capable de recevoir. Dans le cas de paiement fait à un incapable, il y aura toujours une action (*De in rem verso*), qui appartiendra à celui qui aura fait le paiement (art. 1239, 1240 et 1241). Appliquerons-nous aussi l'art. 1244, qui proclame en principe que le débiteur ne peut point forcer le créancier à recevoir en partie le paiement d'une dette? Sans aucun doute, toutes les fois que le débiteur aura encouru la résolution du contrat de rente dans les cas prévus par les art. 1912 et 1913. Le juge aura seulement la faculté d'accorder des délais modérés pour le paiement (art. 1244, *in fine*).

Mais supposons que le débiteur veuille spontanément racheter la rente: il faudra alors appliquer l'art. 1220, qui nous dit que l'obligation même susceptible de division doit être exécutée entre le créancier et le débiteur comme si elle était indivisible. Dans l'espèce où nous nous plaçons, si le débiteur veut opérer le rachat, il ne pourra le faire qu'à la condition de rembourser tout le capital de la rente.

Une question beaucoup plus délicate est celle de savoir si le débiteur venant à mourir en laissant plusieurs héritiers, chacun d'eux pourra opérer le rachat du capital séparément. Il est bien clair que l'obligation de payer les arrérages échus, et tous ceux qui écherront jusqu'au rachat se divise de plein droit entre les héritiers du débiteur proportionnellement à leur part dans la succession; aussi notre question ne comprend-elle que le capital de la rente (art. 873, 1220, *in fine*). Pothier et Dumoulin enseignent que le capital de la rente ne se divisera point entre les héritiers du débiteur comme se divisent les obligations. Dumoulin place la faculté de rachat parmi les diverses espèces d'indivisibilité. Malgré l'imposante autorité de Pothier et de Dumoulin, que confirment plusieurs auteurs modernes, nous pensons que la faculté du rachat se divise entre les héritiers du débiteur tout comme l'obligation de payer les arrérages[1].

N'est-il pas vrai qu'aujourd'hui la constitution de rente peut être envisagée comme un prêt modifié en faveur du débiteur? Or, pour la créance résultant de ce dernier contrat, viendra-t-il à l'idée de personne de prétendre que la dette en capital ne se divisera pas de plein droit entre les héritiers du débiteur, contrairement à ce qui se passerait quant à l'obligation de payer les intérêts? Il est un principe général, celui de l'art. 1220, qui dit que toute dette se divise entre les héritiers du débiteur; nulle part, que nous sachions, la loi n'a soustrait la rente constituée à ce principe général.

Vainement chercherait-on une assimilation entre l'hypothèse qui nous occupe et celle de l'art. 1670 relatif au réméré. Il n'existe aucune parité entre la position du créancier d'une rente constituée, auquel l'un des héritiers du débiteur offrirait pour sa part le remboursement du capital, et celle de l'acquéreur d'un corps certain, au préjudice duquel l'un des héritiers du vendeur prétendrait exercer pour sa part seulement la faculté de réméré. D'ailleurs l'art. 1669 relatif à la matière du réméré ne dit-il pas lui-même que chacun des cohéritiers peut user de la faculté du rachat pour la part qu'il prend dans la succession? Il est vrai que l'acheteur peut paralyser cette faculté (art. 1670); mais c'est là une exception au principe général de la divisibilité, qu'on ne saurait étendre au delà du cas prévu par l'art. 1670.

[1] Dans notre sens: Delvincourt, t. III, p. 416; Zachariæ, t. III, p. 398; Duvergier, n° 336. *Contra:* Troplong, n° 463; Merlin, *Rép.*, au mot *Rente*.

Il est donc pour nous bien établi que la faculté du rachat se divise de plein droit entre les héritiers du débiteur (art. 1220 et 1669). Pothier convient lui-même que si le crédi-rentier meurt laissant plusieurs héritiers, le débiteur sera admis à payer séparément chacun de ces héritiers ; cette dernière question ne peut offrir aucune difficulté.

Le débiteur de la rente ou toute personne qui veut opérer le rachat ne peut y être reçu qu'en payant ayant le capital tous les arrérages qui sont dus et qui ont couru jusqu'au jour du rachat; car les arrérages d'une rente constituée sont à l'instar des intérêts qui sont dus d'une somme exigible, lesquels s'imputent toujours avant le capital sur la somme payée (art. 1254).

Si le crédi-rentier est mort laissant plusieurs héritiers, comme nous l'avons supposé précédemment, il suffira au débi-rentier de payer à un héritier la portion afférente à sa part. Suffira-t-il au débiteur, pour être reçu au rachat de la moitié de la rente, de payer les arrérages de cette moitié dans le cas où la rente est rachetable en deux paiements ? Notre solution dans ce cas sera négative. L'art. 1254 dit sans aucune distinction, que l'imputation sur le capital ne pourra être faite tant que les intérêts n'auront pas été intégralement payés. En conséquence le débiteur devra payer tous les arrérages avant de pouvoir racheter la rente.

Pour que le paiement ou rachat soit valable et éteigne la rente, il faut qu'il transfère au créancier la propriété des deniers qui lui sont donnés en paiement.

Disons en terminant que l'art. 1905 du Code Napoléon, en autorisant le prêt à intérêt, a considérablement diminué le nombre des constitutions de rentes perpétuelles, qui sont devenues entre particuliers un mode de placement et d'emprunt assez rare; c'est au contraire à ce mode d'emprunt que les États modernes ont le plus fréquemment recours pour se procurer de l'argent[1].

[1] On peut diviser les dettes de l'État en deux grandes catégories : 1° les dettes dont le capital est exigible ; 2° celles dont le capital n'est jamais exigible et dont les intérêts, ou plutôt les arrérages, peuvent être seuls réclamés par le créancier. Parmi les dettes de cette seconde catégorie l'État a toujours le droit de rembourser les unes, ce sont les rentes perpétuelles; il ne peut imposer au créancier le remboursement des autres, c'est-à-dire des rentes viagères et des pensions. Un emprunt en rentes viagères ou perpétuelles ne peut être contracté qu'en vertu d'une loi (Block, *Dictionnaire de l'administration française*, au mot *Rente*).

DEUXIÈME PARTIE.

RENTE FONCIÈRE.

CHAPITRE PREMIER.

DROIT ANCIEN.

La rente foncière (*census reservativi*), dans l'acception étendue de ce mot, est une redevance fixe en argent ou autres objets, laquelle a été créée et réservée sur un immeuble lors de son aliénation.

Le contrat par lequel s'établissaient les rentes foncières était connu jadis sous le nom de *contrat de bail à rente :* celle des parties qui baillait l'héritage à l'autre à charge de la rente s'appelait le *bailleur;* l'autre partie qui prenait l'héritage à la charge de cette rente s'appelait le *preneur.* Parmi les nombreuses conventions qui dans notre ancien droit portaient redevance censuelle, le bail à rente seigneuriale ou à cens, l'emphytéose, et le bail à rente foncière attirèrent surtout l'attention des jurisconsultes.

Le bail à cens, très-diversement nommé suivant les localités, avait pour caractère essentiel l'établissement du lien féodal entre le bailleur et le preneur, en sorte que celui-là seulement pouvait bailler à cens qui pouvait se constituer seigneur féodal; la redevance était possédée noblement, mais la terre roturièrement. Le cens était la redevance imposée à l'héritage lors de l'inféodation, il pouvait consister en grains, denrées, fruits.

L'emphytéose n'engendrait point le lien féodal; mais tout comme le bail à cens elle divisait la propriété en domaine direct[1], que le bailleur se réservait, et en domaine utile, abandonné au preneur (Championnière, Denisart). Au contraire dans le véritable bail à rente, qui fait l'objet spécial de notre matière, le droit réservé par l'ancien propriétaire du sol n'était pas un domaine direct, mais un droit ordinaire de propriété n'emportant aucune supériorité; la propriété de l'héritage se trouvait en quelque sorte partagée entre le preneur et ses successeurs, qui ne l'ont que sous la déduction de la rente, et le bailleur ou ses successeurs créanciers de la rente, à qui elle appartient pour le surplus.

Au reste le bail à cens, l'emphytéose et le bail à rente avaient ceci de commun que tous trois assujettissaient le possesseur du fond au paiement d'une prestation, laquelle pouvait consister en argent, en fruits ou en denrées.

On peut encore citer comme présentant la plus grande analogie avec la rente foncière les droits de Champart et de Complant.

Le Champart (*campi pars*) était un droit en conséquence duquel on pouvait exiger une portion de la récolte d'un champ ou d'un héritage. Le Champart se payait sur les fruits, à la différence de la rente, qui était due par l'héritage lui-même; il croissait ou diminuait

---

[1] Le domaine direct, c'est-à-dire le domaine de supériorité sociale et politique (Demolombe).

selon que les fruits avaient été plus ou moins abondants [1].

Furetière définit le Complant un champ dont on a accordé la jouissance à quelqu'un à la charge d'y planter des arbres et notamment des vignes, et de rendre une partie des fruits au propriétaire du terrain. Le détenteur de l'héritage chargé de Complant ne peut changer la nature, et le propriétaire est toujours fondé à demander que l'héritage soit remis dans l'état primitif.

Quelquefois le Champart et le Complant étaient de véritables droits seigneuriaux ; d'autres fois ils étaient purement fonciers sans aucun mélange de féodalité ; dans certains cas ils n'étaient même que des baux à ferme et ne dépouillaient le bailleur d'aucun droit de propriété.

Le droit romain distinguait deux sortes de rentes foncières : celles dues au fisc, et celles dues aux particuliers. Les premières se nommaient en termes généraux *functiones, collationes pensitationes ;* on les désignait plus particulièrement sous le nom d'*annona ab anno*, lorsqu'elles se payaient en fruits, parce que les fruits ne se cueillant qu'une fois l'an, ces redevances en fruits ne se pouvaient payer que d'année en année (Nov. 128 ; Loi dernière, *C., De annonis et tributis*, lib. X, tit. 16). Parmi ces redevances dues au fisc un grand nombre lui étaient payées en reconnaissance de

---

[1] On remarquait dans l'ancienne province d'Alsace des rentes dites *colongères*, qui étaient établies moyennant une concession d'immeubles à plusieurs personnes pour être en commun cultivés par elles. Ces rentes, même dues à un seigneur, n'étaient présumées ni féodales ni censuelles, à moins qu'on ne rapportât une preuve de leur censualité ou de leur féodalité originelle. L'Alsace était pays allodial (Merlin, *Questions de droit*, au mot *Rente*).

étendu, que l'emphytéote, l'a des terres labourables.; La rente convenue se nomme *solarium*.

Tels sont, en résumé, les contrats qui, chez les Romains, se rapprochaient le plus de notre bail à rente (Loyseau, *Traité du déguerpissement*; Giraud, *Recherches sur le droit de propriété*; liv. II, chap. 1er).

Le contrat de bail à rente tenait tout à la fois de la vente et du louage; comme la vente et le louage, il se composait de trois éléments essentiels : 1º une chose; 2º un prix; 3º le consentement des parties. Le bail à rente est synallagmatique, comme la vente et le louage; il appartient, comme eux, à la classe des contrats commutatifs. Il ressemble plus particulièrement au contrat de vente, en ce que le crédi-rentier, bailleur de l'héritage, contracte envers le preneur les mêmes obligations de garantie que le vendeur contracte envers l'acheteur par le contrat de vente. Mais dans le contrat de vente, le vendeur s'oblige à transporter à l'acheteur tout le droit qu'il a dans la chose vendue sans en rien retenir; tandis que, dans notre contrat, le bailleur retenait dans l'héritage un certain droit, qui était le droit de rente lui-même.

Une autre différence entre ces deux contrats se tire du prix qui, dans la vente, est nécessairement une somme d'argent unique, déterminée au moment du contrat; au contraire, dans le bail à rente, la rente ne naît, n'est due que par parties, à mesure du temps qui s'écoule; et il n'importe que la rente consiste dans une somme d'argent ou en une certaine quantité de fruits ou de denrées.

Quant aux ressemblances de notre contrat avec le bail à ferme ou à loyer, elles résultaient de ce que la rente était une redevance périodique, comme les loyers et les fermages.

- Mais ces deux contrats étaient en certains points très-différents.

Le bail à ferme ne fait passer au locataire ou fermier aucun droit de propriété ou autre droit réel sur l'héritage qui lui est baillé à ferme ou à loyer; la propriété en demeure en entier au bailleur, il ne produit que des obligations personnelles, que les parties contractent réciproquement l'une envers l'autre. — Au contraire, le bail à rente est translatif de la propriété de l'héritage, qui passe sur la tête du preneur à la charge de rente; et cette rente est due principalement par l'héritage sur lequel elle est imposée; de là son nom de *rente foncière*.

De la différence que nous venons d'indiquer, il en naît d'autres non moins importantes. Si l'héritage sujet à la rente foncière a été depuis le contrat considérablement diminué par une force majeure, commé lorsque la rivière en a emporté une partie, l'obligation de servir la rente n'en subsiste pas moins en entier : la perte ne peut tomber sur celui qui a aliéné sa propriété (*res perit domino*). S'agit-il, au contraire, d'un héritage baillé à ferme ou à loyer, la diminution de l'héritage survénue depuis le bail, ou les dégradations causées par force majeure, emportent diminution du prix de location. Ou bien encore, si par force majeure le fermier n'a pu, pendant une année de bail, recueillir aucun fruit sur l'héritage qui lui a été affermé, il est fondé à demander la remise de la ferme de cette année, ou au moins une remise partielle. Il en est autrement du débiteur de la rente; l'immeuble et ses accessoires les fruits, sont à ses risques ; il ne peut obtenir de remise. Pothier fait toutefois observer que, si l'acquéreur ou son ayant-cause a été, en temps de guerre, réellement dépossédé pendant plusieurs années, il ne devra pas les arrérages desdites années, parce qu'il n'est obligé de payer la rente que tant qu'il est possesseur.

Il n'y a que les immeubles qui soient proprement susceptibles de contrat de bail à rente ; les meubles ne le sont pas. La raison est, dit Pothier, qu'il est de l'essence du contrat que le bailleur se réserve et retienne dans la chose arrentée un droit de rente qui soit un droit réel, c'est-à-dire un droit dont la chose demeure chargée en quelques mains que la propriété en passe ; or il n'y a que les immeubles qui soient susceptibles de ces charges réelles. Les meubles n'ont pas de suite par hypothèque.

A la différence des rentes constituées, les rentes foncières n'étaient point rachetables dans notre ancien droit : c'était une conséquence nécessaire du principe qu'elles formaient ou représentaient une portion de la propriété de l'héritage. La faculté de rachat aurait entraîné celle d'éteindre les droits de propriété du créancier malgré sa volonté ; ce qui est inconciliable avec l'idée de propriété. Le preneur n'avait pas vendu la rente au bailleur ; c'était le bailleur qui s'était réservé ce droit sur son immeuble : *Census reservativi*. Le rachat n'eût donc été qu'une expropriation forcée : *Nemo res suas vendere cogitur*.

Par exception cependant et pour cause d'utilité publique, des lois spéciales portèrent atteinte à ce principe à l'égard des rentes foncières dont les maisons de ville étaient chargées. Une ordonnance de Charles VII, de 1441, en avait ainsi disposé pour les rentes dues sur les maisons de la ville et des faubourgs de Paris. Suivant le préambule de cette ordonnance, on voulait éviter que les propriétaires des maisons chargées de plusieurs rentes qui en absorbaient le revenu, ne les laissassent tomber en ruines. Henri II, par une ordonnance du mois de mai 1553, étendit ce privilége à toutes les villes du royaume.

La jurisprudence avait même restreint cette faculté de rachat, en la limitant aux rentes qui n'étaient pas les premières après le cens. Toutes ces rentes se rachetaient sur le pied du denier 20.

Toutefois la faculté de racheter la rente foncière pouvait être accordée au preneur par le bailleur, qui était libre, dans ce cas, d'y mettre toutes les conditions qu'il jugeait convenables, puisque, par l'exercice de cette faculté, le preneur à rente de l'immeuble devait devenir tout à fait un acheteur, et le bailleur un vendeur, et que le vendeur peut mettre à la vente de son immeuble telles clauses et tel prix qu'il juge convenables. Cette faculté de rachat stipulée dans le bail à rente se prescrivait par trente ans ; tandis que la faculté de rachat, qui est de l'essence de la rente constituée, est imprescriptible (Pothier, Demolombe).

Ces dérogations exceptées, le débiteur d'une rente foncière ne pouvait jamais malgré son créancier s'en décharger par le rachat. Le seul moyen qui fût à sa disposition pour se soustraire à l'obligation de payer la rente, c'était de se défaire de l'immeuble, soit en le vendant, soit en en faisant l'abandon connu sous le nom de *déguerpissement*. Pothier définit le déguerpissément [1] : un acte par lequel le possesseur d'un héritage chargé d'une rente foncière, pour se décharger de cette rente, abandonne en justice cet héritage au créancier de la rente. Nous avons dit précédemment que l'héritage arrenté était le débiteur principal de la rente, et qu'en conséquence la possession du fonds emportait l'obligation de servir la rente. Il devait suivre de ce principe que l'abandon de la possession emportât la décharge du service de la rente; et, en effet, l'aliénation déchargeait pour l'avenir le vendeur du service de la rente, en faisant passer ce service sur la tête de l'acheteur. De même le déguerpissement ou abandon fait par le débiteur de la propriété de l'héritage, avait pour effet de le décharger de la rente pour l'avenir, quand le créancier acceptait de gré à gré cet abandon; il opérait en outre une transmission de propriété qui passait comme par accroissement sur la tête du créancier de la rente. Mais si la volonté des parties ne se rencontrait pas à admettre le déguerpissement, il fallait par nécessité qu'il se fît en justice, afin que le juge déclarât le détenteur quitte de la rente; si le bailleur voulait accepter l'héritage, il le lui adjugeait, sinon il établissait un curateur à la chose déguerpie.

Qui pouvait déguerpir? A l'origine ce droit avait été contesté au preneur et à ses héritiers, qu'on considérait comme ayant contracté une obligation personnelle. Telle était l'opinion des anciens docteurs et notamment d'Accurse. Mais la coutume d'Orléans, réformée en

[1] Le mot de *déguerpissement* vient de l'allemand *werfen*, jeter, quitter. *Guerpir*, signifie ensaisiner, mettre en possession; *déguerpir*, son contraire, signifie par conséquent ôter, delaisser la possession.   (Loyseau, *Traité du deguerpissement*.)

1583, la coutume de Paris et l'ordonnance de 1441.
firent prévaloir l'opinion contraire. Il fut admis que le
preneur et ses héritiers pouvaient toujours se décharger pour l'avenir du service de la rente par l'aliénation
ou le déguerpissement. Loyseau va plus loin, il prétend
que même dans les coutumes qui portent que ceux qui
sont obligés personnellement au service de la rente ne
peuvent déguerpir, cette restriction ne doit être appli-
quée qu'au preneur qui, par quelque clause particulière du bail, et notamment par la clause très-fréquente
de *fournir et faire valoir* la rente, a contracté une obligation personnelle de payer à toujours la rente. Cette
clause de fournir et faire valoir la rente, et d'autres
semblables [1] d'un usage moins commun, empêchaient
le déguerpissement et créaient contre le preneur et ses
héritiers une obligation personnelle subsidiaire, dans
le cas où le créancier de la rente ne pouvait se faire
payer par l'action réelle. Ainsi pouvaient déguerpir
non-seulement le tiers-détenteur mais encore le preneur et ses héritiers.

Le déguerpissement étant un abandon, une abdica-
tion de la propriété, ne pouvait être fait que par le propriétaire de l'héritage. Il fallait, en outre, qu'il se trou-
vât dans les conditions nécessaires pour la libre disposition de ses biens.

Pour que le déguerpissement fût valable, pour qu'il
opérât l'extinction de la rente pour l'avenir, il devait

---

[1] Telles étaient les clauses de payer la rente à toujours et à perpétuité, d'améliorer l'héritage de manière qu'il valût toujours la rente
et plus. Cette dernière pourtant s'éteignait par la destruction totale
de l'héritage, car le preneur ne peut être tenu à améliorer ce qui
n'existe plus.

porter sur la totalité de l'immeuble, parce que la charge de la rente foncière reposait sur chacune de ses parties.

C'est ce qu'exprimait Dumoulin (Coutume de Paris) en ces termes: « Celui qui donne un héritage à rente foncière et celui qui le prend, en chargent tellement l'héritage que la moindre comme la plus grande partie est obligée à la totalité de la rente; en sorte que si le preneur de l'héritage le divise en plusieurs portions, le détenteur de l'une de ces portions est obligé à la totalité de la rente, et celui qui en est créancier peut s'adresser à un seul pour exiger le paiement entier; c'est la chose qui doit toujours quand elle subsiste dans ses moindres parties [1]. »

Si donc l'immeuble était en la possession de plusieurs personnes, le déguerpissement opéré par l'un des possesseurs avait bien pour effet de le libérer de la rente pour l'avenir; mais il n'entraînait pas la résolution du bail, qui continuait de subsister dans son entier contre les autres possesseurs. Le créancier, dans ce cas, subrogeait à ses droits les débiteurs de la rente qui n'avaient pas déguerpi, afin que chacun d'eux pût se mettre en possession de la partie déguerpie dans la proportion de la part de rente dont il était tenu.

Le déguerpissant n'était admis à déguerpir qu'en rendant indemnes le bailleur ou ses successeurs créanciers de la rente. Il devait donc, en premier lieu, payer tous les arrérages de la rente dus et échus jusqu'au

---

[1] De même coutume de Lorraine, tit. XVI, art. 2 : «Si plusieurs sont « possesseurs d'un héritage ou tènement affecté de cens, le seigneur « d'iceluy n'est tenu le diviser ; ainsi peut pour le tout contraindre « celui des tenanciers que bon lui semblera, à défaut saisir ou faire « saisir la pièce y affectée et la tenir jusqu'à satisfaction »

jour du déguerpissement. Quelques coutumes et entre autres celles de Paris et d'Orléans voulaient, qu'outre les arrérages échus, le déguerpissant payât encore le terme en suivant, c'est-à-dire tout le terme courant quoiqu'il ne fût pas encore échu lors du déguerpissement.

En second lieu le déguerpissant devait remettre l'héritage en aussi bon état qu'il était lors du bail. Observons cependant que le tiers-détenteur qui a possédé l'héritage comme possesseur de bonne foi, sans avoir eu connaissance de la rente, pouvait déguerpir sans être tenu des dégradations, même provenant de son fait, à moins qu'il n'en eût profité: « Qui rem quasi suam neglexit nulli querelæ obnoxius est. » Par la même raison les coutumes l'admettaient à déguerpir sans payer les arrérages de la rente, même ceux de son temps.

Le déguerpissement n'opérait la résolution du bail à rente que pour l'avenir, il n'empêchait point qu'il eût existé dans le passé.

Devait-on, en conséquence, regarder le bail à rente comme produisant une confusion irrévocable des droits de servitude et d'hypothèque que le déguerpissant pouvait avoir sur l'héritage avant l'acquisition qu'il en avait faite? Dans l'opinion la plus générale le déguerpissement faisait revivre les droits de servitude et d'hypothèque que le tiers-détenteur avait sur l'héritage avant sa possession. Il y avait plus de difficulté à l'égard du preneur ou de ses héritiers; on disait, que l'acquisition faite par lui avait été irrévocable, parce qu'il ne dépendait que de lui de la maintenir aux conditions qu'il avait acceptées. Néanmoins Loyseau ne fait aucune distinction entre le preneur et le tiers-détenteur; dans l'un et dans l'autre cas le déguerpissement, selon lui, fait revivre les droits réels, et il en donne pour raison qu'il y avait là plutôt une suspension qu'une extinction de ces droits réels. *Nemini res sua servit*, ajoute-t-il, cela est vrai, mais *quamdiu est sua*.

On peut objecter que le vendeur d'un héritage ne conserve point les droits réels qu'il avait sur cet héritage avant de l'avoir acquis; mais c'est que le vendeur entend dans ce cas transférer à l'acheteur tout le droit qu'il a dans l'héritage sans en rien retenir, et qu'il ne saurait en conséquence conserver les droits réels qu'il avait sur l'héritage avant son acquisition; au lieu que celui qui déguerpit n'est censé renoncer qu'au droit que le bail à rente lui avait donné; il doit donc conserver les droits réels qu'il avait avant le bail.

Supposons maintenant que le preneur ait pendant sa possession constitué sur l'héritage des droits tels que des servitudes, des hypothèques. Ces droits seront-ils anéantis par l'effet du déguerpissement en vertu du principe : *Soluto jure dantis solvitur jus accipientis ?* Loyseau et Pothier enseignent que ces droits réels sont maintenus. Pothier fait observer que si les personnes à qui appartiennent les droits de servitude concédés par le déguerpissant font assigner le bailleur pour voir souffrir ces servitudes, il pourra offrir de leur abandonner l'héritage pour leurs droits de servitude, à charge par eux de servir la rente, et faute d'accepter cette offre, ils doivent être déboutés; car, dit l'auteur, le preneur et ses successeurs n'ayant eu de droit que dans ce que l'héritage pouvait valoir plus que la rente, ils n'ont pu accorder aucun droit que dans cette plus-value.

Autrefois les créanciers des rentes foncières avaient trois espèces d'actions contre les possesseurs des héritages : l'action personnelle, l'action hypothécaire et une troisième espèce d'action qu'on appelait l'*action mixte*. Le créancier avait l'action personnelle non-seulement contre le preneur et ses héritiers, mais encore contre les tiers détenteurs qui avaient acquis à charge de rente ou qui du moins en avaient connaissance, pour le paiement des arrérages courus pendant le temps de leur possession ou de celle de leur auteur. Cette action contre le preneur et ses héritiers naissait du contrat de bail lui-même. A l'égard du tiers-détenteur, Pothier enseignait que l'action avait pour origine un quasi-contrat, qui était censé intervenir toutes les fois que la charge de rente avait été expressément déclarée dans le contrat d'acquisition, ou même lorsque le tiers-détenteur apprenait par la suite l'existence de la rente. Dans tous les cas, on ne pouvait demander par l'action personnelle que les arrérages courus pendant le temps de la possession du détenteur actuel ou de son auteur, mais le créancier avait contre le détenteur, pour raison des arrérages courus avant sa possession, l'action dite *hypothécaire*. Le créancier avait encore recours à cette action contre le tiers-détenteur de bonne foi qui avait complétement ignoré la charge de la rente foncière, même pour les arrérages courus pendant le temps de sa possession.

Cette action se rapprochait beaucoup de l'action hypothécaire ordinaire, avec cette différence que le possesseur de l'héritage arrenté ne pouvait pas opposer l'exception de discussion des précédents possesseurs ou de leurs héritiers, comme pouvait le faire le tiers-détenteur d'un immeuble hypothéqué. La raison de cette différence était que l'héritage chargé de la rente foncière était proprement le débiteur des arrérages, et qu'en attaquant le possesseur on s'en tenait au débiteur principal, au lieu que dans le cas d'hypothèque le débiteur personnel était aussi le débiteur principal.

Enfin une troisième action, que Loyseau appelait *action mixte*, était donnée contre le possesseur, afin de le faire condamner à passer titre nouvel de la rente et à la continuer à l'avenir. Cette action était à la fois réelle et personnelle : réelle, puisqu'elle avait pour objet de réclamer un droit réel, le droit de rente foncière, et qu'elle suivait l'héritage s'intentant contre tout possesseur ; personnelle, car le demandeur conclut contre le possesseur *Eam dare oportere*, et que ces conclusions sont celles des actions personnelles.

CHAPITRE II.

DROIT INTERMÉDIAIRE.

Le droit intermédiaire n'abrogea point les rentes foncières ; il laissa subsister celles qui existaient déjà et permit même d'en constituer de nouvelles ; mais, par des lois successives, il en changea complétement le caractère. La loi du 11 août-3 novembre 1789 et la loi des 18-29 décembre 1790, qui n'est que l'application et le développement de la première, proclamèrent le principe de la liberté du sol français. L'art. 6 de la loi de 1789 et les art. 1 et 2 de la loi de 1790 portent que toutes les rentes foncières perpétuelles, soit en nature, soit en argent, de quelque espèce qu'elles soient, quelle que soit leur origine, à quelques personnes qu'elles soient dues, seront rachetables ; les Champarts de toute espèce et de toute dénomination le seront pareillement. De plus, il est défendu à l'avenir de créer aucune redevance foncière non remboursable, sans préjudice des baux à rente ou emphytéoses, et non perpétuels qui seront exécutés pour toute leur durée et pourront être faits à l'avenir pour quatre-vingt-dix-neuf ans et au-dessous, ainsi que les baux à vie même sur plusieurs têtes, à la charge qu'elles n'excéderont pas le nombre de trois. Les rentes ou redevances foncières établies dans certains pays, sous la dénomination de *locatairie perpétuelle*, sont également rachetables sans faire d'exception pour les pays où, suivant l'opinion commune, le bailleur conservait la pleine propriété des biens concédés à ce titre. On peut dire, en effet, qu'une concession perpétuelle de jouissance a pour résultat de presque anéantir le droit de propriété.

La faculté de rachat ne s'applique qu'aux rentes perpétuelles. Sont perpétuelles aux termes des lois de 1789 et 1790 toutes rentes établies pour une durée plus grande que quatre-vingt-dix-neuf ans ou assises sur plus de trois têtes. On comprend assez que la vie humaine ne se prolongeant pas au delà de cent ans ou de trois générations, les droits établis pour un temps plus considérable peuvent être envisagés comme perpétuels. Cette loi ne règle point la nature des baux à longues années, des baux à rente ou emphytéoses non perpétuels, ainsi que des baux à vie sur une ou plusieurs têtes.

Le législateur de 1789 ne se borne pas à la défense formelle de créer à l'avenir aucune rente foncière non remboursable ; il dispose que même celles qui existent au moment de la promulgation de la loi seront soumises au rachat. Il a été toujours au pouvoir du législateur d'ordonner que la loi étendra son empire même sur le passé (L. 7, *C., De legibus*) [1]. Pour nous, cette rétroactivité est une conséquence nécessaire de l'esprit dont ces lois sont empreintes. Il s'agissait de libérer la propriété foncière des charges multiples et mal définies qui pesaient sur elle, et cette mesure n'aurait pu avoir aucun effet salutaire si toutes les rentes qui existaient alors n'y avaient pas été soumises également.

En résumé, deviennent rachetables toutes rentes qui sont à la fois perpétuelles, et créées soit à raison de la translation de la pleine·propriété d'un fonds, soit à l'occasion de la concession d'une simple domaine utile en reconnaissance du domaine direct réservé par le concédant (Aubry et Rau). Une réaction partielle s'étant produite contre ces idées, la jurisprudence finit par admettre, à la suite d'un avis du Conseil d'État du 4 thermidor an VIII, que dans les anciennes tenures même perpétuelles le rachat cesse d'être admissible toutes les fois que la propriété a été retenue en entier par le bailleur.

Ces deux lois, la loi du 11 août 1789 et la loi du 18 décembre 1790, ne faisaient aucune distinction entre les rentes féodales et les rentes purement foncières qui les unes et les autres quoique pouvant être rachetées n'en continuaient pas moins d'exister. Cependant l'Assemblée constituante dans la célèbre nuit du 4 août 1789

---

[1] Voici le texte de ce cette loi : « Leges et constitutiones futuris « certum est dare formam negotiis, non ad facta præterita revocari : « nisi nominatim et de præterito tempore, et adhuc pendentibus · « negotiis cautum sit (L. 7, *C., De legibus*).

avait décidé en principe l'abolition du régime féodal. Le décret qui sortit de cette discussion, promulgué le 3 novembre porte : «L'Assemblée nationale détruit entièrement le régime féodal et décrète que les droits tant féodaux que censuels, ceux qui tiennent à la main-morte réelle ou personnelle sont abolis sans indemnité, et tous les autres déclarés rachetables.» Un nouveau décret du 15-28 mars 1790 compléta la distinction déjà posée par le précédent. L'art. 1 est ainsi conçu : «Toutes distinctions honorifiques, supériorité et puissance résultant du régime féodal sont abolies; quant à ceux des droits utiles qui subsisteront jusqu'au rachat, ils sont entièrement assimilés aux simples rentes et charges foncières.» Enfin le décret du 25 août 1792, et le décret du 18 juillet 1793 rendu par la Convention, détruisirent les derniers vestiges du droit seigneurial. Le dernier est ainsi conçu (art. 1) : «Toutes redevances ci-devant seigneuriales, droits censuels fixes, casuels, sont supprimés sans indemnités. Art. 2 : Sont exceptées des dispositions de l'article précédent les rentes et prestations purement foncières et non féodales.» Tous les effets de la loi révolutionnaire sont compris dans ces mots de M. Merlin présentant la loi du 15 mars 1790 : «Tous les biens, disait-il, sont aujourd'hui des alleus.» Le décret de 1793 laissait à la jurisprudence le soin de distinguer dans les contrats les rentes purement foncières de celles qui portaient le caractère de la féodalité : distinction souvent fort difficile et qui reposait sur des bases arbitraires (Championnière).

La faculté de rachat établie comme principe général par les lois de 1789 et 1790 devait emporter logiquement qu'à dater de leur publication les rentes ne pourraient plus être susceptibles d'hypothèque, comme ne formant ni un droit de propriété ni un droit immobilier. Il n'en fut rien cependant; et l'on ne peut nier selon nous, en présence de textes formels, que la nature des rentes n'a point été transformée par cette législation. En effet l'art. 3 du tit. V de la loi de 1790 porte que : « La faculté de racheter les rentes foncières ne changera rien à leur nature immobilière, ni quant à la loi qui les régissait; en conséquence elles continueront à être soumises au mêmes usages, lois, et principes que ci-devant, et quant aux dispositions entre-vifs et testamentaires, et aux aliénations à titre onéreux. » On peut citer encore dans le même sens l'art. 1 du tit. VI de la même loi, qui prescrit des mesures pour la conservation des hypothèques assises sur les rentes foncières. Une seule chose était donc changée dans la nature des rentes, c'est qu'au lieu d'être essentiellement irrachetables comme jadis, elles devenaient essentiellement rachetables. Le grand but du législateur d'alors ayant été d'affranchir les fonds des charges dont ils étaient grevés, il faut interpréter ces lois de manière à admettre le rachat dans tous les cas où il tend à affranchir le fonds; ainsi le rachat pourra être exercé par toute personne ayant intérêt à cet affranchissement, que ce soit le débiteur personnel de la rente, ses héritiers, ou le tiers détenteur de l'immeuble. Lorsque les parties maîtresses de leurs droits ne s'accordaient pas sur le prix du rachat, ou dans le cas où elles ne pouvaient traiter de gré à gré, le rachat se faisait suivant les règles ci-après : les rentes en argent étaient remboursables au denier 20, celles en grains, denrées, fruits au denier 25 de leur revenu annuel. L'évaluation du produit annuel des rentes payables en nature de grains, denrées, fruits se faisait par experts nommés de gré à gré ou par le juge[1]. Lorsqu'il s'agissait de rentes créées rachetables selon les anciennes lois, le rachat se faisait sur le capital porté au contrat.

Nous avons vu précédemment qu'autrefois dans la plupart de nos coutumes lorsqu'il y avait plusieurs possesseurs de l'immeuble sur lequel était retenu la rente, ces divers possesseurs étaient considérés comme débiteurs solidaires de la rente ; d'autres fois aussi la solidarité résultait d'une stipulation spéciale. La loi de 1790, tit. II, art. 2 met le créancier de la rente dans l'alternative ou de recevoir le remboursement total du capital de la rente ou de renoncer à la solidarité. Le législateur ne s'en tint pas là ; et dans le but d'arriver plus vite au complet affranchissement du sol français, il promulgua la loi du 20 août 1792, qui abolit sans indemnité toute solidarité entre les codébiteurs de cens ou de redevances annuelles fixes et de rentes foncières perpétuelles même pour les arrérages échus, sans qu'il y eût à rechercher la cause de cette solidarité. Il est cependant esentiel de remarquer que cette extinction de la solidarité est subordonnée à la condition d'une vérification contradictoire entre le créancier de la rente et ceux qui possèdent divisément les fonds qui la doivent. Cette vérification doit avoir pour résultat la fixation de la portion du fonds que chacun doit posséder à l'avenir, et la quotité proportionnelle de la redevance qui doit être imposée sur chaque portion. C'est seulement après cette opération, qui doit se faire

---

[1] Voy. pour les détails les art 7 et 10 de la loi.

aux frais du débiteur de la rente, que toute solidarité cesse. Dès cet instant chaque détenteur doit uniquement sa portion, celle de chacun des autres détenteurs a cessé d'être sa dette. Il ne peut être recherché pour cette portion ni personnellement ni hypothécairement (art. 3 et 4 de la loi de 1792. Grenier, *Des hypothèques*).

Cette loi n'est pas applicable aux rentes foncières créées depuis sa publication ; elles sont régies à l'égard de la solidarité par les principes généraux du droit, et quant à celles qui datent d'une époque postérieure à la promulgation du Code, elles sont toutes naturellement soumises sur ce point aux articles du Code qui traitent de la matière de la solidarité. On sait en effet que la loi organique du Code (30 ventôse an XII) abroge la législation antérieure dans les matières qui sont l'objet du Code.

Jusqu'ici l'immeuble selon nous n'a pas cessé conformément à l'ancienne doctrine d'être le débiteur principal de la rente, et la faculté de rachat introduite par les lois de 1789 et 1790 n'est qu'une sorte d'expropriation ; mais il était dès lors facile de prévoir la destruction de l'espèce de démembrement de propriété que les rentes foncières représentaient ; et c'est effectivement en partant du principe posé par l'Assemblée constituante que les lois postérieures arrivèrent à leur complète transformation. La loi du 11 brumaire an VII concernant le régime hypothécaire, après avoir déclaré dans son art. 6 que les seuls biens territoriaux sont susceptibles d'hypothèque, ajoute dans son art. 7 que les rentes constituées, les rentes foncières, et les autres prestations que la loi a déclarées rachetables ne pourront plus à l'avenir être frappées d'hypothèque. Ainsi quant aux rentes créées avant la loi de brumaire, soit foncières, soit constituées à prix d'argent, cette loi leur a conservé pour l'avenir le caractère immobilier qu'elles avaient auparavant; le vœu de la loi résulte des mots *à l'avenir* qui se trouvent dans l'art. 7, et de plus dans les art. 46 et 47, qui s'expliquent sur les mesures à prendre pour la conservation de ces hypothèques par la voie de l'inscription[1]. Il est du reste bien entendu que depuis la loi de brumaire on n'a pu acquérir des hypothèques sur des rentes même antérieures; et que ces rentes ne pourraient plus former l'objet d'une action possessoire, alors même qu'elles auraient été créées sous l'empire du droit ancien (Aubry et Rau).

Mais la loi de brumaire a-t-elle complétement mobilisé les nouvelles rentes foncières? Elle ne s'est pas formellement expliquée sur ce point, et l'on a pu prétendre que le principe de la mobilisation des rentes ne date que du Code Napoléon. Merlin et Marcadé ne voient dans l'art. 7 de la loi de brumaire qu'un pas fait vers la mobilisation des rentes. Comment conclure, disent-ils, de ce que les rentes ne sont plus susceptibles d'hypothèques qu'elles doivent être désormais rangées dans la catégorie des meubles?

La loi de brumaire nous dit dans son art. 6 que les seuls biens territoriaux sont susceptibles d'hypothèques.

---

[1] L'art. 654 du Code de procédure civile ne permet pas de douter de l'intention du législateur, puisqu'il y est dit à l'occasion de la distribution du prix des rentes par contribution qui doit avoir lieu actuellement : « sans préjudice néanmoins des hypothèques etablies anterieurement a la loi du 11 brumaire an VII.»

N'est-ce pas à dire qu'elle considère les rentes perpé-tuelles comme étant encore des droits immobiliers, et que l'art. 7 est une exception à l'art. 6? Pour nous, nous pensons avec la généralité des auteurs et une jurisprudence constante que la disposition de la loi de brumaire n'était en réalité que la conséquence du principe de la mobilisation, qui, bien que non formulé dans loi elle-même, en formait néanmoins la base essentielle, principe d'ailleurs rappelé par l'art. 27 d'une loi du 22 frimaire de la même année qui porte que : «Les rentes et autres biens meubles seront déclarés au bureau du domicile du défunt.» Nous trouvons une preuve nouvelle à l'appui de notre doctrine dans ces mots de Cambacérès lors de la discussion qui précéda la rédaction des art. 529 et 530 du Code Napoléon : «La section, dit-il, a suivi sur les rentes la législation existante » ; ce qui démontre bien à notre avis que, dans l'opinion des rédacteurs du Code, le caractère mobilier des rentes était depuis longtemps hors de question.

Ainsi, depuis la publication de la loi de brumaire, le fonds n'est plus le débiteur de la rente, et celle-ci n'est plus une charge de la propriété. La nouvelle loi dépouille complétement le créancier de la rente foncière, de tout droit de propriété sur le fonds; la portion de propriété qui, antérieurement, appartenait au créancier, passe en entier, par la seule force de la loi, au détenteur du fonds, qui par là devient propriétaire de tout l'immeuble. La nouvelle obligation que la loi impose au débiteur est personnelle, comme formant le prix d'une acquisition de propriété par lui faite; elle existe sans égard à la détention de l'héritage, et le débiteur ne peut, ni par l'aliénation ni par le déguerpissement, se décharger pour l'avenir de cette obligation. Réciproquement, la possession et la jouissance de l'immeuble n'ont plus aujourd'hui aucune influence sur l'obligation personnelle de servir la rente; ne sont tenus personnellement que le détenteur de l'immeuble lors de la loi du 11 brumaire, l'acquéreur à rente postérieur, leurs héritiers et le tiers acquéreur qui s'est expressément chargé de la rente. Tandis qu'autrefois, alors que la rente formait une portion de la propriété de l'immeuble, on ne parlait que par analogie d'une action hypothécaire en matière de rentes; aujourd'hui, l'obligation personnelle dont est tenu le débiteur est garantie par une véritable hypothèque privilégiée, semblable en tous points à celle qui garantit le prix d'une vente ordinaire. Ce privilége du créancier de la rente est entièrement soumis aux conditions prescrites pour la conservation du privilége du vendeur (C. Nap., art. 2104, 2106, 2108). Le créancier n'a aujourd'hui que cette voie d'exécution hypothécaire contre le tiers détenteur qui ne s'est pas formellement chargé de la rente, même pour les arrérages échus pendant la durée de sa détention.

Nous venons de voir les transformations successives que la législation intermédiaire fit subir aux rentes foncières; arrivé au terme de cette législation, c'est sur le Code Napoléon que va maintenant se porter notre examen.

CHAPITRE III.

CODE NAPOLÉON.

Nous avons vu que la loi de brumaire an **VII**, avait décidé virtuellement que les rentes foncières seraient désormais rangées parmi les biens meubles. Il est vrai de dire cependant, que l'art. 529 du Code Napoléon écrivit le premier en termes formels le principe de la mobilisation des rentes. « Au moment où nous créons une législation fondée sur la nature même des choses, disait Treilhard, dans l'Exposé des motifs de la loi relative à la distinction des biens, nous n'avons pas dû ranger dans la classe des immeubles, des objets purement personnels, qui n'ont en eux-mêmes rien d'immobilier, et qui peuvent exister sans même leur supposer une hypothèque sur des immeubles. » L'art. 529 déclare meubles par la détermination de la loi, les rentes foncières et constituées, perpétuelles ou viagères, soit sur l'État, soit sur les particuliers; les rentes sur l'État peuvent néanmoins être immobilisées dans le cas de la formation d'un majorat, dans lequel ces rentes, ainsi que les actions de la banque de France peuvent être admises. Telle est la disposition de l'art. 2 du décret du 1er mars 1808. Il résulte du principe de la mobilisation que les rentes foncières tombent aujourd'hui dans la communauté conjugale, non-seulement quant aux perceptions annuelles, mais quant au fonds du droit (C. Nap., art. 1401), et que le mari peut en disposer valablement par l'aliénation, le rachat, ou même à titre gratuit (C. Nap., art. 1422). Une autre conséquence nécessaire de la mobilisation des rentes foncières se trouve dans l'art. 2118, Code Napoléon. Aux termes dudit article, les seuls biens susceptibles d'hypothèques sont : 1° les biens immobiliers qui sont dans le commerce, et leurs accessoires réputés immeubles ; 2° l'usufruit de ces mêmes biens et accessoires pendant le temps de sa durée. Cette disposition maintient, on le voit, l'exclusion des rentes foncières établie par la loi de brumaire an VII.

Le projet du Code Napoléon ne contenait que l'art. 529, relatif aux rentes foncières, et les différentes lois qui composent ce Code furent discutées et publiées sans qu'on abordât cette matière. Enfin, lors de l'examen, au Conseil d'État, du projet de la loi du 30 ventôse an XII (21 mars 1804), relatif à la réunion de tous les titres du Code en un seul corps, le consul Cambacérès fit observer qu'il fallait examiner la matière des rentes foncières. Une controverse très-vive, dans laquelle les avantages et les inconvénients de l'ancien bail à rente furent successivement agités, s'éleva entre les membres de la commission : « Nous réparons, dit Portalis orateur du gouvernement, une omission importante. On avait oublié de régler le sort des rentes foncières. Ces rentes seront-elles rachetables, ou ne le seront-elles pas ? Nous eussions cru choquer l'esprit général de la nation, sans aucun motif d'utilité réelle, en rétablissant des rentes non rachetables. » Le Conseil d'État finit par maintenir la règle posée par les lois de 1789 et de 1790, et ses principaux motifs furent de favoriser la circulation des biens en dégageant la propriété foncière des entraves qui pesaient sur elle dans l'ancien régime, de prévenir les nombreux procès qu'entraînaient les relations compliquées

P.   8 du bail à rente, d'empêcher enfin une sorte de retour vers la féodalité, qui semblait s'être empreinte aussi sur notre contrat. L'art. 530 fut, en conséquence, ajouté au Code Napoléon, et promulgué avec la loi organique du Code, le 30 ventôse an XII (21 mars 1804). Aussi, quoiqu'il soit le 530e des articles dont notre Code se compose, en réalité c'est lui qui a été fait le dernier. Cet article est ainsi conçu : Toute rente établie à perpétuité pour le prix de vente d'un immeuble ou comme condition de la cession à titre onéreux ou gratuit d'un fonds immobilier, est essentiellement rachetable etc... [1].

Il n'existe donc plus en France, sous l'empire du Code Napoléon, aussi bien que sous l'empire du droit intermédiaire, de véritables rentes foncières dans l'ancienne acception de ce mot; la rente n'est plus due principalement par l'immeuble vendu ou cédé sous cette condition; elle ne forme plus qu'une dette personnelle, qui oblige toujours celui qui s'en est constitué débiteur et ses héritiers, et jamais le tiers-détenteur en cette seule qualité; elle est meuble, c'est-à-dire que le vendeur ne conserve plus aucun droit sur l'immeuble par lui aliéné; enfin elle est essentiellement rachetable toutes les fois qu'elle est perpétuelle. Notre article, en effet,

---

[1] La création de rentes perpétuelles et non rachetables n'est plus permise. Cependant la loi du 21 avril 1810 sur les mines, contient une exception a ce principe. En effet, les redevances dues par les concessionnaires de mines aux propriétaires de la surface semblent présenter les caractères de l'ancienne rente foncière; elles sont établies pour prix de la concession d'un immeuble qui est le corps de la mine; elles sont susceptibles d'hypothèques et non rachetables, puisqu'elles sont identifiées avec la surface du fonds dont elles représentent une partie du produit (Proudhon, *Domaine de propriété*, n° 307).

ne déclare rachetable que la rente établie à perpétuité;
il n'est sur ce point que la confirmation et la repro-
duction de la loi des 18-29 décembre 1790, aux
termes de laquelle on entend par rente établie à perpétuité celle dont la durée doit dépasser quatre-vingt-dix-
neuf ans, ou trois existences d'homme.

Il ne peut plus être aujourd'hui question de déguerpissement; les anciennes lois et coutumes qui l'avaient
établi ont été abrogées par la loi du 30 ventôse an XII,
et aucune loi nouvelle n'a parlé de ce mode de libération. Le déguerpissement, d'ailleurs, serait contraire
à la nature actuelle des rentes foncières. Elles ne for-
ment plus que des créances privilégiées affectées hypothécairement au fonds; comment comprendre dès lors
un accroissement de la propriété du preneur à celle
que le bailleur s'était réservée? Les seuls moyens que
la loi ouvre actuellement au propriétaire de l'immeuble
chargé de créances hypothécaires ou privilégiées, qui
veut s'en libérer sans effectuer le paiement, sont le
délaissement, objet des art. 2172 et suiv. du Code
Napoléon, et la purge, art. 2181 et 2193 du même
Code. Mais aujourd'hui l'acquéreur à rente, le possesseur lors de la loi de brumaire, et leurs héritiers, sont
obligés personnellement, de sorte qu'ils ne peuvent
être admis à délaisser. Le seul tiers détenteur qui n'est
tenu qu'hypothécairement, c'est-à-dire qui dans son
contrat d'acquisition ne s'est point chargé du service
de la rente, est admis au délaissement ou à la purge
(art. 2181 et suiv., et 2193 et suiv.). Malgré le change-
ment radical qui s'est opéré dans le caractère des
rentes, nous leur conservons la dénomination de
rentes foncières, parce qu'elles ont pour cause une

concession du fonds. Mais le contrat par lequel la rente est établie, ne peut plus être appelé *bail à rente*, parce que le mot *bail* indique que le détenteur tient la chose aux droits de celui qui l'a baillée entre ses mains, et qu'aujourd'hui la propriété pleine et entière passe à l'acquéreur.

L'art. 530 suppose qu'une rente peut être établie de deux manières : soit pour le prix de vente d'un immeuble, soit comme condition de la cession à titre onéreux ou gratuit d'un fonds immobilier.

Mais à quels faits se rapporte chacune de ces deux hypothèses ? Sur ce point les interprétations varient. Quelques jurisconsultes enseignent que ces mots : *pour le prix de vente d'un immeuble* s'appliquent au cas où l'on convertit en rente le prix d'une vente antérieurement convenue. Ainsi je vous vends ma ferme moyennant 100,000 fr., puis nous convenons qu'au lieu de me payer cette somme, vous me servirez une rente annuelle de 5000 fr. La rente est établie, disent-ils, comme condition de la cession à titre onéreux d'un fonds immobilier, si je vous vends une ferme à charge par vous de fournir à moi ou à un tiers une rente de 5000 fr. De même si c'est en vous transférant cette ferme par donation ou testament que je vous charge de cette même rente, la rente est alors établie comme condition d'une cession à titre gratuit. Dans ce dernier cas, la donation est soumise aux mêmes causes de révocation et de réduction que les donations ordinaires.

Cela posé, on en conclut que la rente n'a véritablement pour cause l'aliénation d'un immeuble que dans la seconde hypothèse, et on réserve pour cette hypothèse unique, au profit du crédi-rentier, le privilége du vendeur et le droit de résolution. On se fonde sur ce que dans la première hypothèse la rente n'est pas le prix direct et immédiat de l'aliénation de l'immeuble, sur ce qu'il s'est opéré une véritable vente dont le prix a été déterminé ; par suite de la substitution de la créance de la rente à la créance résultant de la vente, il y a eu, dit-on, conformément à l'art. 1271 du Code Napoléon, une véritable novation qui a amené l'extinction de l'action *venditi*, et par conséquent du privilége et du droit de résolution du vendeur.

Pour nous, nous pensons que la rente doit être considérée comme ayant pour cause immédiate l'aliénation d'un immeuble dans l'un et l'autre cas ; nous croyons que, d'après le texte même de l'art. 530, lorsque je vous vends ma maison moyennant 5000 fr. de rente, il est vrai de dire que cette rente est établie pour le prix de vente de l'immeuble. Au contraire, la rente sera établie comme condition de la cession d'un fonds immobilier dans les autres cas où, indépendamment de toute vente, le propriétaire aura cédé l'immeuble à la charge d'une rente : comme par exemple à titre de soulte dans un contrat d'échange ou dans un partage (Demolombe). N'est-il pas vrai d'abord que l'art. 530 place sur la même ligne la rente établie pour le prix de vente d'un immeuble, et la rente établie comme condition de la cession à titre onéreux ou gratuit d'un fonds immobilier ? Donc, de quelque façon qu'on entende ces mots : *pour le prix de vente d'un immeuble*, il faut appliquer à la première hypothèse les mêmes principes qu'à la seconde. Le vendeur, toujours demeuré tel, doit avoir toujours son privilége son droit de résolution. Mais à entendre ces mots : *pour le prix de vente d'un immeuble*, comme nous l'avons indiqué *supra*, il y aurait contradiction flagrante entre notre article et l'art. 1911 ; une rente établie par conversion d'un prix de vente n'est, en effet, autre chose qu'une rente constituée à prix d'argent ; donc la stipulation de non-remboursement ne serait possible que pour dix ans aux termes de l'art. 1911, tandis qu'elle est permise pour trente ans d'après notre article.

Notre interprétation se trouve encore confirmée par ce qui se passa au Conseil d'État lors de la rédaction de l'art. 530. Cet article fut d'abord ainsi conçu : « Toute rente établie à perpétuité moyennant un capi- « tal en argent, ou pour le prix évalué en argent de la « vente d'un immeuble... etc..» Il est clair qu'on entendait par là une vente déjà convenue pour un prix déterminé, prix qui serait ensuite converti en rente. C'était une disposition manifestement contradictoire avec celles contenues dans les art. 1909 et 1911. M. Jolivet demanda et fit prononcer la suppression des mots : *évalué en argent*. L'article ne présentait plus alors que cette rédaction : « Toute rente établie moyennant un « capital en argent, ou pour le prix de la vente d'un « immeuble... etc. » On le voit, la confusion entre les rentes foncières et les rentes constituées n'avait point encore cessé. Cette confusion n'échappa point au Tribunat, qui fit opérer le retranchement des mots : *moyennant un capital en argent*. Donc, si le Tribunat avait entendu dans un sens présentant une confusion semblable les mots : *pour le prix de vente d'un immeuble*, il en eût également demandé la suppression.

Il a été dit et répété, dans l'exposé des motifs fait de-
-vant le Corps législatif, que l'article n'est relatif qu'aux
rentes foncières, bien qu'on y eût compris d'abord par
inadvertance les rentes constituées. Il nous paraît donc
suffisamment prouvé que les mots : *pour le prix de
vente d'un immeuble* doivent être entendus dans leur
sens le plus naturel, c'est-à-dire dans le sens de rente
établie comme formant le prix de vente d'un immeuble.

Nous concluons que, dans les deux hypothèses pré-
vues par l'art. 530, le vendeur de l'immeuble conservera le privilége pour le paiement de la rente (C. Nap.,
art. 2103) et le droit d'en demander la résolution pour
défaut de paiement (art. 1184 et 1654).

«Le droit de résolution, dit M. Grenier, a également lieu dans le cas où la vente, au lieu d'être faite
moyennant un prix une fois payé, a été consentie
moyennant une rente perpétuelle qui ne serait point
payée par l'acquéreur ; il y a les mêmes motifs de décider. On ne peut y voir une novation qui puisse alté-
rer la substance et l'effet du contrat ; il n'y a toujours
qu'une seule convention primitive qui forme l'obligation. »

Ce droit de résolution pourra être exercé contre le
débiteur en retard, lors même que celui-ci n'aura pas
cessé de remplir ses obligations pendant deux années
consécutives ; l'art. 1912 n'est applicable qu'à la rente
constituée moyennant l'aliénation d'un capital mobilier ; et il s'agit dans notre hypothèse d'une rente qui
a pour cause l'aliénation d'un immeuble.

L'aliénateur n'a consenti à se défaire de son immeuble que sous une condition qui n'est pas remplie,

ce qui motive l'application du principe **général** posé par l'art. 1184, sauf la faculté au juge d'accorder **des** délais au débiteur. Le contrat renferme de sa nature, comme contrat synallagmatique, une clause résolutoire qui suit l'immeuble en quelques mains qu'il parvienne ; il en résulte que le créancier de la rente peut poursuivre l'exécution de cette clause, non-seulement contre l'acquéreur primitif chargé de rente, mais encore contre tout acquéreur subséquent ou tiers-détenteur de l'immeuble. Il n'y a pas lieu de distinguer, relativement à l'exécution de cette clause, entre le cas où le nouvel acquéreur a acquis l'immeuble à charge de rente, et celui où il l'a acquis franc et quitte de la rente. Le droit du créancier n'a pu être anéanti par une convention intervenue entre des tiers (Fœlix et Henrion).

Nous avons déjà vu qu'à dater de la loi de brumaire an VII, il n'était resté au crédi-rentier qu'une créance due personnellement par le détenteur du bien, et qui affectait ce bien par forme de privilége ; ce privilége est aujourd'hui la suite immédiate de l'art. 530. En identifiant les deux espèces de rentes dont il fait mention, l'art. 530 attribue à l'une les mêmes effets que l'autre avait déjà, et, par conséquent, le privilége dont la rente établie pour le prix de vente d'un immeuble jouissait, aux termes de l'art. 2103, est devenu commun à la rente créée simplement comme condition de la cession d'un fonds immobilier. Les principes qui, d'après le Code, réglaient la conservation de ce privilége, ont été modifiés par la loi récente du 23 mars 1855. L'art. 1er de cette loi veut que tout acte entre-vifs translatif de propriété immobilière et de droits réels susceptibles, d'hypothèques, soit transcrit au bureau des hypothèques. Conformément à cet article, toutes les fois qu'un fonds ou un droit réel susceptible d'hypothèque aura été aliéné moyennant une rente, il y aura lieu à la transcription du contrat de rente. Jusqu'à cette transcription (art. 3) le droit de propriété, résultant du contrat de rente, ne pourra être opposé aux tiers qui ont des droits sur l'immeuble et qui les ont conservés en se conformant à la loi.

L'art. 6 prononce la déchéance des priviléges et hypothèques dont il est question dans les articles 2123, 2127, 2128, qui n'auront par été inscrits lors de la transcription faite par le nouveau propriétaire. Par une faveur particulière le vendeur et le co-partageant sont admis à inscrire leurs priviléges (articles 2103, 2108, 2109), même après la transcription, pourvu qu'ils le fassent dans les quarante-cinq jours de l'acte de vente ou de partage. Nous accordons sans hésiter le même bénéfice au bailleur, à rente.

Outre le privilége et l'action en résolution, le bailleur à rente a-t-il encore le droit de demander la rescision de la vente pour cause de lésion de plus des sept douzièmes? Pothier admettait l'affirmative : « La lésion énorme, c'est-à-dire celle qui excède la moitié du juste prix, est, dans le contrat du bail de rente de même que dans les autres contrats commutatifs, un vice qui donne lieu à la rescision du contrat. » On voit que du temps de Pothier la rescision, pour cause de lésion d'outre moitié, était la règle générale applicable à tout espèce de contrats commutatifs. Il en est tout autrement aujourd'hui; la loi proclame dans l'art. 1118 que la lésion n'est plus, dans notre droit, une cause de rescision; par exception, la lésion de plus des sept douzièmes vicie la vente lorsqu'elle est éprouvée par le vendeur d'un immeuble (art. 1674).

Cette rescision pour cause de lésion des sept douzièmes n'a point été admise parce que le vendeur entend recevoir un juste équivalent de sa propriété, motif qui s'applique tout aussi bien au cas où la lésion est éprouvée par l'acheteur d'un immeuble, aux ventes de meubles et aux échanges, que la loi n'a point déclarés résolubles pour cause de lésion. S'il est dérogé au principe général, posé par l'article 1118, en faveur du vendeur d'un immeuble, c'est que la loi qui présume que la fortune immobilière est celle à laquelle on tient le plus, suppose que le propriétaire qui vend un immeuble à vil prix, a été déterminé par un besoin impérieux d'argent à accepter la modique somme qu'on lui offrait.

Or celui-là qui vend un immeuble moyennant une rente ne peut être considéré comme se trouvant sous l'empire d'une nécessité urgente, d'un besoin momentané. D'ailleurs, il s'agit d'une action extraordinaire, introduite pour des motifs d'équité, contrairement aux principes généraux des contrats ; on ne saurait donc l'étendre. *Exceptiones sunt strictissimæ interpretationis.* La conséquence est que l'application de l'art. 1674 à la rente foncière doit être rejetée.

L'art. 530 maintient la faculté de rachat introduite par les lois de 1789 et 1790 ; elle est aujourd'hui de l'essence de la rente foncière ; toutefois le créancier peut stipuler que le capital ne pourra lui être remboursé avant un terme qui ne doit jamais excéder 30 ans (3e alinéa). L'article ajoute que toute stipulation

contraire est nulle. On s'accorde à penser que la nullité n'atteint pas la stipulation tout entière, mais seulement la partie de cette stipulation qui a porté le
terme au delà de trente ans ; il suffira donc de réduire
le terme au maximum du délai, c'est-à-dire à trente
ans. *Utile per inutile non vitiatur.* Art. 1660. *Arg. d'anal.*
Il est permis au créancier de régler à son gré les
clauses et conditions du rachat ; ainsi il lui est loisible
de convenir qu'une rente de 100 francs ne pourra être
rachetée que moyennant un capital de 4000 fr. (2e alinéa). Ce n'est point là une usure prohibée, comme si,
dans les cas d'une rente constituée, on excédait le taux
de l'intérêt légal fixé par la loi du 3 septembre 1807 ;
le capital du rachat représente le prix de la chose, et
chacun est le maître de fixer à quel prix il veut aliéner son bien (art. 1683). Tel était aussi le sentiment
de Pothier à l'égard des anciennes rentes foncières qui
n'étaient pas rachetables et qui ne devenaient telles
que par une convention spéciale des parties :

« Le preneur, dit-il, ne peut pas se plaindre que la
faculté de rachat lui soit accordée sous des conditions
trop dures, puisqu'on pouvait, sans injustice, ne pas
la lui accorder du tout. » Mais s'agissait-il de rentes
rachetables, c'est-à-dire de rentes établies sur des
maisons de ville, il inclinait à penser que la clause
était valable, pourvu que la somme supérieure à la valeur de la rente ne fût pas exorbitante.

Nous croyons encore aujourd'hui que si le créancier
avait fixé un chiffre si excessif que par son exagération
même, il eût rendu la faculté de rachat à peu près
illusoire, il faudrait déclarer la stipulation nulle ; car
la rente, dit l'art. 530, est essentiellement rachetable.

A défaut de stipulation spéciale réglant le taux et le mode du rachat, ou lorsque la stipulation a été annulée, la présomption générale c'est que toute prestation annuelle forme cinq pour cent ou un vingtième du capital qu'elle représente. En conséquence, on peut poser la règle que le rachat des rentes foncières créées depuis la loi de 1790 doit se faire sur le pied du denier 20 de leur produit annuel, sans distinguer entre celles qui sont payables en argent et celles qui le sont en grains et autres objets. Nous savons, en effet, que la loi de 1790 ne concerne que les rentes foncières antérieures à sa publication (Fœlix et Henrion).

La plupart des principes qui s'appliquent à la vente s'appliquent aussi à la rente foncière. C'est ainsi que le contrat sera parfait entre les parties, et la propriété sera acquise de droit au preneur à l'égard du bailleur dès que l'on sera convenu de la chose et du prix qui est la rente (art. 1138 et 1183).

La rente, qui est le prix de cette espèce de vente, devra être déterminée par les parties (art. 1591). Cette détermination peut être cependant laissée à l'arbitrage d'un tiers. Le bailleur à rente est soumis à l'obligation de la garantie et de la délivrance, tout comme le vendeur (art. 1625, 1604 et suiv.) ; il est tenu d'expliquer clairement ce à quoi il s'oblige ; tout pacte obscur s'interprète contre lui (art. 1606). Les obligations du preneur se rapprochent aussi beaucoup de celles de l'acheteur ; il doit payer les arrérages aux jour et lieu réglés par le contrat (art. 1658). Quand rien n'aura été réglé à l'égard du lieu et du jour du paiement des arrérages, ils seront payables par annuités et au lieu du domicile du débiteur, c'est-à-dire qu'ils seront quérables (art. 1247, *in fine*).

Les arrérages échus peuvent produire intérêts du jour de la convention ou de la demande en justice (art. 1155). Ils se prescrivent par cinq ans (art. 2277).

La rente foncière peut, comme toute autre dette, s'éteindre par la novation, par la remise, par la confusion, mais non point par la compensation, parce que le capital du rachat n'est jamais exigible. Une distinction est nécessaire à l'égard de la prescription. Nous avons vu qu'aujourd'hui le créancier de la rente a deux actions : 1° l'action personnelle contre l'acquéreur primitif, contre celui des acquéreurs subséquents qui s'est expressément chargé de la rente, contre le détenteur lors de la loi de brumaire et leurs héritiers ; 2° l'action hypothécaire contre les détenteurs des immeubles grevés de la rente, sans s'être chargés de cette rente.

Chacune de ces actions est soumise à une prescription différente ; l'action personnelle se prescrit par trente ans (art. 2262) ; elle est fondée sur la négligence du créancier à se faire servir ou reconnaître de la rente.

L'art. 2180, *in fine*, contient les dispositions relatives à la prescription de l'action hypothécaire. Cette prescription est acquise par le même laps de temps que celle de la propriété (C. Nap., art. 2262, 2265).

THÈSES.

—

DROIT ROMAIN.

I. La Loi 3, *Cod.*, *De novationibus*, 8, 42, exige une dénonciation formelle émanée du cessionnaire.

II. Le débiteur-cédé peut opposer au cessionnaire l'*exceptio doli* fondée sur un dol du cédant.

III. Le débiteur-cédé ne peut opposer au cessionnaire les contre-prétentions qu'il eût pu faire valoir contre le cédant (L. 34, *D.*, *De procuratoribus*, 3, 3).

IV. Dans les cas prévus par les lois *Per diversas* et *ab Anastasio*, la preuve du *quantum* du prix incombe au cessionnaire.

DROIT CIVIL FRANÇAIS.

V. L'engagement dans les ordres sacrés ne constitue pas un empêchement au mariage.

VI. L'auteur d'une reconnaissance d'enfant naturel librement consentie n'est pas recevable à en demander la nullité, en prouvant qu'elle est mensongère.

VII. L'autorisation du gouvernement exigée par l'art. 910 du Code Napoléon est nécessaire à un établissement public, par exemple une fabrique, un séminaire, pour recevoir un don manuel.

VIII. Le locataire d'un immeuble n'a qu'un droit purement personnel, qui ne lui permet d'exercer d'action que contre le propriétaire.

DROIT COMMERCIAL.

IX. Le créancier d'une société en commandite n'a pas d'action contre le commanditaire pour le contraindre à effectuer sa mise.

DROIT CRIMINEL.

X. L'homicide commis du consentement et sur la demande expresse de la victime constitue un homicide volontaire, prévu et puni par l'art. 302 du Code pénal.

XI. Les délibérations des conseils municipaux, contenant des imputations diffamatoires envers des tiers, ne peuvent être l'objet d'une poursuite devant les tribunaux correctionnels.

XII. Les chambres réunies d'une Cour impériale peuvent intervenir directement pour assurer la poursuite d'un crime ou d'un délit dont l'instruction est commencée par le ministère public.

DROIT DES GENS.

XIII. La houille n'est pas contrebande de guerre.

XIV. Il serait équitable d'ajouter à l'art. 1er de la déclaration du 16 avril 1856 une disposition relative à la garantie de la propriété privée des sujets des puissances belligérantes, contre la saisie par les navires de guerre de l'autre puissance, excepté dans le cas de contrebande de guerre.

TABLE DES MATIÈRES.

DROIT ROMAIN.
DE LA CESSION VOLONTAIRE DE CRÉANCE

DROIT FRANÇAIS.
PREMIÈRE PARTIE. — RENTE CONSTITUÉE.

DEUXIÈME PARTIE. — RENTE FONCIÈRE.

www.ingramcontent.com/pod-product-compliance
Ingram Content Group UK Ltd.
Pitfield, Milton Keynes, MK11 3LW, UK
UKHW021037230726
13926UKWH00004B/1534